仕事が
はかどる！

コミュニ
ケーションが
よくなる！

chatwork

チャットワーク公式活用ガイド

ChatWork Academy(株)● 著

日本実業出版社

はじめに

　この本は、チャットワークを導入したい、活用したいというすべてのビジネスパーソンに、その方法をお伝えする本です。
　現代は業務にITが欠かせない時代であり、大企業もチャットを社内コミュニケーションに取り入れています。若者の世代は、スマートフォンで同僚とチャットによるコミュニケーションを取っています。

　ビジネスに特化して設計されたチャットワークは、2011年のリリース以来、7万3000社（2015年6月時点）の企業に採用されている、ビジネスコミュニケーションを最適に進めるためのツールです。
　チャットワークを導入していただくことで、さまざまな業種、規模の企業が、非常に大きな成果を出しています。

- 2年連続20パーセントの増収増益につながった
- プロジェクトが予定の3分の1の期間で達成できた
- 顧客対応スピードが2倍になった
- ミスが10分の1に減った
- 幹部の年間の業務量が45日分も減った
- 顧問先が2倍に増えた

　このように、続々と業務効率を高めて売上を伸ばしている企業が増えています。この本を読んでいただくあなたにも、チャットワークを最大限に活かしていただきたいと考えています。

チャットワークって何だろう？
聞いたことはあるけど、どう活用するの？
始め方を知りたい。
操作方法を知りたい。
組織への導入方法を知りたい。
活用事例を知りたい。
特殊な使い方を知りたい。

すべての要望にお応えできるように、マニュアル的な要素と、活用ノウハウ的な要素を組み合わせて1冊の本にしました。まだチャットワークを使ったことがない方も、何年も愛用いただいている方も、ぜひこの本を読んでください。

この本とチャットワークが、あなたのビジネスライフに革命を起こす道案内役になるはずです。

　　　　　　ChatWork Academy株式会社　スタッフ一同

―― 目　次 ――

はじめに

Chapter ❶
チャットワークで残業ゼロを実現？仕事が３倍速くなる！

❶ ビジネスコミュニケーション時間の長さを知ろう ………… 8
❷ 業務で人間関係がうまくいかなくなる理由 ……………… 12
❸ なぜ、ビジネスにチャットを使うべきなのか …………… 14
❹ チャットワークって何？ ………………………………… 18
❺ チャットワークを使うことで、得られるメリット ………… 20
❻ チャットワークを導入する前に …………………………… 24

Chapter ❷
まずはここから！チャットワーク基本編

❶ さあ、始めよう！ ………………………………………… 30
❷ メールアドレスで登録 …………………………………… 30
❸ プロフィール（画像と ID）を設定しよう ……………… 34
❹ 知り合いをコンタクトに追加しよう ……………………… 38

- ❺-1．チャットワークの4大機能
  - ①メッセージ機能……………………………………43
- ❺-2．チャットワークの4大機能
  - ②タスク機能…………………………………………51
- ❺-3．チャットワークの4大機能
  - ③ファイル共有………………………………………60
- ❺-4．チャットワークの4大機能
  - ④ChatWork Live 機能……………………………63
- ❻ 発言をすぐにチェック！　デスクトップ通知の設定………72
- ❼ お気に入りやレスポンス待ちを上位に表示！ピン機能……75
- ❽ 自分だけのチャット　「マイチャット」……………………76
- ❾ スマートフォンやタブレット端末で使おう！………………78
- Column ① チャットワークはこうして生まれた …………93

Chapter 3
一歩差がつく使い方
チャットワーク応用編

- ❶ より効果的な使い方 ……………………………………96
- ❷ ネット上に会議室!?「グループチャット」……………96
- ❸ グループチャットをつくるうえでのルール……………97
- ❹ グループチャットをつくってみよう…………………103
- ❺ グループチャットでよく使うメッセージ機能…………107
- ❻ 招待リンクでグループチャットへ簡単招待……………119
- ❼ 取引先やお客様ともチャットワークでつながろう ……122
- Column ② チャットワークのチャレンジ ………………124

Chapter 4

社内外で実践
チャットワーク活用編

❶ コミュニケーションを向上させよう・・・・・・・・・・・・・・・・・・・ 128
❷ 組織階層に合わせたグループチャット ・・・・・・・・・・・・・・ 128
❸ 他部署の様子を「見える化」 写真共有チャット ・・・・・・・ 132
❹ グループ内にスキルを蓄積 ノウハウ共有チャット・・・・ 133
❺ みんなの「転ばぬ先の杖」 お困りごとチャット ・・・・・・・ 135
❻ 餅は餅屋に 社内コンサルティングチャット ・・・・・・・・・ 137
❼ 個々の仕事を「見える化」 日報チャットで報・連・相 ・・・ 138
❽ お客様の声を集めよう 喜びの声チャット ・・・・・・・・・・・ 140
❾ チャットワークでコミュニティを運営 ・・・・・・・・・・・・・・・ 142
☰ Column ③ EC studio 社から ChatWork 社へ ・・・・・・・・・・ 144

Chapter 5

企業別チャットワーク活用事例

○さまざまな企業で使われているチャットワーク・・・・・・・・・ 148
■ 武蔵野 ・・ 148
■ 谷テック ・・・ 154
■ 中央会計 ・・・ 157
■ グッドライフケアホールディングス ・・・・・・・・・・・・・・・・・・ 159

- ■船井総合研究所 …………………………………………… 161
- ■トリプルグッド税理士法人 …………………………… 163
- ■ファースト法律事務所 ………………………………… 166
- ■コスモ教育出版 ………………………………………… 168
- ■カガヤキ農園 …………………………………………… 171
- ■マネーフォワード ……………………………………… 174
- Column ④ チャットワークのこれから ……………… 176

Last Chapter
チャット経営であなたの会社のステージを上げよう

- さらに次なるステップへ ……………………………… 180
- チャット経営が経営資源のバランスを取る ………… 181
- チャット経営は上司と部下の「壁」を取り払う ……… 183
- チャット経営で組織は次のステージへ ……………… 185

おわりに

取材協力／戸田美紀　廣田祥吾
カバーデザイン／志岐デザイン事務所（萩原 睦）
本文デザイン・DTP／初見弘一（TOMORROW FROM HERE）

Chapter 1

チャットワークで残業ゼロを実現？仕事が3倍速くなる！

❶ ビジネスコミュニケーション時間の長さを知ろう

　あなたはこれまでに、どれだけの時間をビジネスコミュニケーションに費やしてきましたか？

　ビジネスコミュニケーションの時間とは、メールや電話、会議など、言ってみればビジネス上で「自分だけの仕事の時間」を除いた時間を指します。「１日のなかでビジネスコミュニケーションに費やす時間」に、「年間の勤務日数」をかけた数字が、あなたが１年間で費やしたビジネスコミュニケーションの時間です。

　もちろんこれだけではなく、あなたにはあなたの仕事の時間もあるでしょう。一概には算出できないとは思いますが、それでも労働基準法で決められている１日８時間という労働の枠を大きく超え、「残業」として計上されてしまうのではないでしょうか。

　右ページの円グラフのように、一般的な企業でのビジネスコミュニケーションに費やす時間は、「メール」に３時間、「会議」に２時間、「電話」などの応対に１時間という統計データが出ています。これを１日８時間労働で換算すると、75パーセントがビジネスコミュニケーションに費やされていることになります。

〈チャットワーク導入前のユーザーへのヒアリングデータ〉

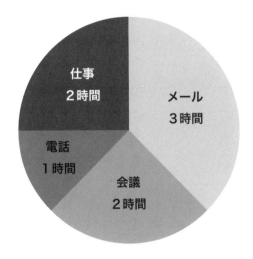

　8時間のうち6時間が費やされているわけですから、自分自身の仕事ができる時間は実質2時間です。しかし、それだけの時間で各種資料の作成、計画、設計、計算、分析やチェック業務といった"自分だけの仕事"を終わらせることは難しいのではないでしょうか。ですから結果的に残業、あるいは自宅に持ち帰って仕事をすることになってしまいます。

　そこで私たちが提案したいのが、チャットワークを活用したビジネスコミュニケーションの効率化です。
　10ページの円グラフをご覧ください。これは、チャットワークを実際に導入している組織での事例です。ご覧いただけばわかるとおり、ビジネスコミュニケーションに費やす時間が大幅に圧縮され、自分の仕事に時間を割くことができるようになりました。

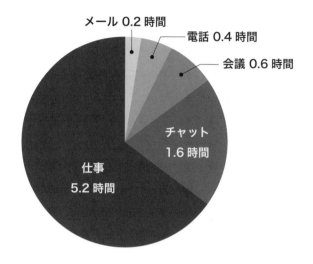

〈チャットワーク導入後のユーザーへのヒアリングデータ〉

もちろん、チャットワークという新しいツールを導入するわけですから「チャット」という新しい項目が追加されてはいます。ですが、チャットワークがメールや会議、電話応対などの業務を複合してしまうので、結果的に従来のビジネスコミュニケーションに費やしていた時間を、半分以下にまで減らすことができたのです。

1日8時間労働で1か月に20日間（160時間）勤務したと仮定すると、チャットワークを活用することで1人あたり1日3.2時間、1か月に64時間、年間で768時間も効率化できたことになり、必然的に自分自身の仕事に費やせる時間が約3倍にまで増えたことになります。

ただ、私たちの提案するチャットワークは、「ビジネスコミュニケーションは無駄だから効率化して仕事の量を増やそう」というものではありません。

むしろ自分の時間を3倍にしてやるべき仕事を効率よく

行ない、迅速に終わらせることができれば、それだけ時間的なゆとりが生まれ、そこでアナログのコミュニケーションを増やして、よりよい人間関係を築くことも可能になると考えています。

アナログのコミュニケーションとは、従業員同士の何気ない会話や"飲みニケーション"であったり、ともに働く仲間を大切にする時間であったり、あなたのご家族に対する時間の使い方などを指します。**要は、効率よく仕事をして残業を減らし、できた時間でプライベートや仲間との時間を充実させましょう、ということです。**

私たちのクライアントである物流会社に、「現場の倉庫チェックのために全国を飛び回り、その移動時間の関係で外泊が続き、なかなか家に帰れない」という状況が続いていた管理職の方がいました。

ですが、チャットワークを導入したことで写真や動画などを活用した情報共有がうまくいくようになり、よほど緊急な要件でもない限り現場に行かなくて済むようになりました。
結果、家にも帰れるようになり、家族や仲間との時間をつくることができるようになったのです。

副産物は、それだけではありません。全国の現場を飛び回っていたことで、年間3000万円ほどかかっていた交通費や宿泊費などの経費が、半分の約1500万円にまで下がりました。
チャットワークを導入したことで、時間と経費削減ともに大きな成果が出た事例です。

❷ 業務で人間関係が
　うまくいかなくなる理由

　忙しくても人間関係がうまくいっている組織は、当たり前ですが存在します。メールや電話などの既存のツールを使ってビジネスコミュニケーションを行ない、組織運営をしているところも少なくありません。

　ここでお伝えしたいのは、ビジネスマンの94パーセントが、「メールや電話や会議などをムダと感じたことがある」という事実（当社調べ）です。日常の業務でのビジネスコミュニケーションはとても大切なことです。メールでのやりとり、電話での応対、会議でのミーティングなしには組織運営はうまくいきません。しかし、こういった従来のビジネスコミュニケーションの方法が完全で万能なのかというと、必ずしもそうとはいえないのではないでしょうか。

　たとえば、こんなトラブルを経験したことはありませんか？　得意先からの電話を受けたスタッフが、伝言を書いたポストイット（付箋(ふせん)）を担当者の机に貼る。しかし、ポストイットが何かの拍子に外れて紛失してしまったり、報告事項が実は緊急の案件だったと、あとから判明するケース。あるいは、電話での報・連・相を行なっていても、あとになって「言った・言わない」の問題に発展してしまうケース。

　ほかにも、仕事に追われている状況に陥(おちい)ると、従業員同士がお互いに声をかけづらくなったり、お互いがいまどん

な仕事をしているか、興味をもつ余裕がなくなったり、最悪の場合、従業員同士に距離が生まれてコミュニケーション不足から離職などのトラブルにつながることもあります。ツールを活用できないことで、仕事や人間関係がうまくいかなくなってしまう危険性もあるのです。

　私たちが人生で「仕事」に費やす時間は、約9万時間といわれています。起きている時間だけで換算すると、社会人としての人生の約半分を費やしていることになります。実際は残業や自宅で仕事をすることもあるでしょうから、人によっては食事や睡眠を除いた人生のほとんどの時間を仕事で過ごすことになるかもしれません。

　それだけ長い時間を過ごすわけですから、ともに働くメンバーとして、コミュニケーションがうまくいかなかったり、コミュニケーション不足でトラブルになったり、袂を分かってしまったりするのは、とてももったいないことではないでしょうか。
　ともに仕事をするにしても、配属されたから仕方なく働くのではなく、ビジネスコミュニケーションでもアナログのコミュニケーションでも円滑な人間関係を育んで、いわば"戦友""同志"のような関係を築いていただきたいのです。

　そういう点でチャットワークは人間関係が悪化しない、むしろ良好な人間関係を築けるよう配慮して設計されたツールです。
　機能の詳細については次のChapter以降でお伝えしていきますが、チャットワークを導入したことで、先述の物流会社の事例のほかにも、

- 「言った・言わない」がなくなった
- 頼んだ仕事を忘れられることがなくなった
- 情報共有が簡単になった
- 仕事がスムーズにいくようになった

という声を、数多くいただいています。

❸ なぜ、ビジネスにチャットを使うべきなのか

　チャットワークの説明に入る前に、なぜビジネスのツールとして「チャット」が推奨(すいしょう)されるのか、その理由をお伝えしましょう。

　業務コミュニケーションにおいて重要なのは、**「伝達スピード」「正確性」**、そして**「安全性」**です。ビジネスだけにとどまらず、私たちの生活の場を取り巻くコミュニケーションの手段の進化は、まさにこの３つの進化の歴史と言い換えることができます。

メッセージ通信の歴史

狼煙　　飛脚　　モールス信号　電報　　FAX　　eメール
　　　　　　　　1837年　　1869年　1920年代　1985年
　　　　　　　　　　　　　　　　　　　　　　技術的には
　　　　　　　　　　　　　　　　　　　　　　1960年代

情報伝達の歴史で求められてきたものは、伝達のスピード、正確性、安全性

こうして見ると、現在、どこの企業でも必ず使っているといっていい「メール」も、50年以上前の技術だということがわかります。こうして50年以上も使われ続けているわけですから、たいへん便利なツールだということも理解できます。ですがビジネスが多様化し、働き方まで多様化している現代社会においては、必ずしも最適なツールではなくなってきているのが現状です。

　メールの場合、かしこまった文章を打たないといけなかったり、季節の挨拶や「お世話になっております」という一文を最初に入れたり、一通一通がどうしても"重く"なりがちです。一度送信してしまうと取り消すことが難しいので、一通ごとの内容に細心の注意を払わないといけない場合もあり、作成には時間がかかります。
「1メール1トピック」を推奨するケースもあり、複数の案件をメールで送るとなると、そのたびに内容を熟考しなければいけません。また相手に届いているか、読まれているか、意図が伝わっているか、などの不安が残ることもあるでしょう。
　添付できるファイルの大きさにも制限があり、大容量の添付ファイルを送ってしまうと先方にとっては迷惑だったりするのも、不便な理由の1つです。

　ほかにも、実際の仕事に置き換えてみると、朝、会社に来て最初にメールチェックをする人が多いと思いますが、メールをチェックするだけで午前中が終わる、午後もその返信に追われる、という経験は誰しもあるはずです。たくさんの人とやりとりすればするほどメール管理が煩雑（はんざつ）になり、検索なども難しくなります。
　また、メールはアドレスがわかれば誰でも送れるので、

迷惑メールやスパムメールがあとを絶たないケースも報告されています。会社のメールでは迷惑メールやスパムメールを排除するために、フィルタリングを小まめに更新しているところも多いのではないでしょうか。

そして、伝達スピードの問題です。返信が届くまでお互いに待たないといけないので、テンポよく話が進みません。メールチェックで午前中が終わってしまうことなどはまさにそれで、伝達スピードで考えると、メールはどうしても遅くなってしまうのです。

では、電話はどうでしょうか。伝達スピードという点においては、電話はとても優れています。相手が出れば、その場で用件を伝えることができます。いますぐ連絡を取りたいような緊急な要件の場合は、電話が最も優れているツールです。ですが、話している相手にしかその内容が伝わらず、記録にも残らないため、正確性を求める場合や複数人での情報伝達には不向きです。アナログでのコミュニケーションがうまくいっていない状態、つまり人間関係が悪い状態では、同じ日本語でも認識の違いから自分や相手の意図が正確に伝わらなかったり、叱られてばかりいる上司と部下の関係であれば、最悪の場合、電話に出たくない（でも、出ないわけにはいかない）事態にもなりかねません。さらに電話は「言った・言わない」になりやすく、発信した情報の内容を残しておくのが難しいツールでもあります。

日々の忙しいビジネスの場面で、メールでは伝達スピードをあきらめて正確性を取り、電話では正確性ではなく伝達スピードを取る、という現状があり、メールや電話は情

報が基本的に一方通行なことから、それぞれの意図が食い違ってしまい、もめごとに発展してしまうこともあるでしょう。

　最後に安全性についてですが、残念ながら、これもメールは十分とはいえません。
　メールが安全性を確保できない理由は、メールそのものがインターネット上を飛んでいるときに暗号化されていないので、文面も添付ファイルも無防備で、傍受できてしまう点にあります。もちろん、添付ファイルそのものにロックをかけることはできますが、パスワードを文面に書いてしまっていては意味がありません。
　また、電話も盗聴されてしまう可能性がまったくないとはいえません。

　私たちがビジネスでチャットを使うことをおすすめしている理由は、こういった「伝達スピード」「正確性」「安全性」の面からも、かなりの範囲でカバーできるからなのです。
　チャットワークで送ったメッセージは、即座に相手のパソコンのモニターに表示され、仮にその瞬間は見ていなくても、相手からメッセージが届いたことがデスクトップやアプリのアイコン上に表示されます。送受信されたデータはパソコンのモニターに表示されるまですべて暗号化されており、情報漏洩はありません。画面上に、テキストでメッセージが表示されるので正確に伝わりますし、内容の編集や削除もできるようになっています。伝達スピード、正確性、安全性のすべてをクリアしているチャットワークは、ビジネスユースに非常に向いているといえます。

❹ チャットワークって何？

　チャットワークとは何か。一言でいってしまうとLINEのビジネス版のような位置付けで、「**パソコンでもスマホでも使えるビジネスコミュニケーションツール**」です。メール、電話としての機能に加え、ネット上のクラウド会議室として活用することができます。

　先ほど、物流会社の事例を挙げましたが、あれは特別な例ではありません。チャットワークを通じて小まめに報告をしていれば、社員を集めてわざわざ報告会議をする必要はありません。会議のなかで、自分が報告するタイミングを待っているだけ、という無駄な時間はなくなるのです。

　また、たとえば「緊急事項は電話、緊急事項以外はチャットワーク」という社内ルールをつくっておけば、自分が作業中に急ぎでもない請求書の発行や、納品書送付の依頼電話で自分の作業が止まることもありません。これはメールも然りです。

◆メールとの７つの違い

　チャットワークを導入することで、組織は透明性が高く幅広いコミュニケーション手段を手に入れることができます。業務の効率化だけではなく、組織の問題であるコミュニケーション不足の解消にもつながります。

　ただ、注意しておいていただきたいのは、チャットワークはあくまでも「ビジネスユースに特化したコミュニケー

メールの場合		チャットワークの場合
毎回 CC、BCC で受信者の指定が必要 担当者を入れ忘れてしまうことがある	▶	グループチャットでメッセージの チェック漏れがない
大量の迷惑メールで重要なメールを 見逃してしまう	▶	迷惑メッセージが届かない
送受信できる添付ファイルの 容量が少ない	▶	転送できるファイル容量が大きい
過去のやりとりをさかのぼるのが困難	▶	チャットログを容易に さかのぼることができる
誤送信してしまったメールは 取り戻せない	▶	送信したメッセージを編集、 削除できる
返信が届くまでに時間がかかる	▶	返信がすぐ返ってくる
メールの文書は暗号化されていない ため情報漏洩が心配	▶	すべての送受信が暗号化されて いて安全

ションツール（メッセージツール）」という点です。見たいときに見られるのがメリットの1つなのです。それは逆にいえば、常に見られているものではないので、緊急な案件の場合は使わないほうがいいこともあります。ほかにも、いくら便利だからといって隣の席の同僚とのランチの相談までチャットワークで済ませてしまうと、いつの間にか社内での会話がなくなってしまう事態も考えられます。

　社内でのコミュニケーションのすべてをチャットワークで済ませようとはしないでいただきたいのです。**あくまでも「アナログのコミュニケーションがよくなるためのツール」であることがポイントです。**

　なぜ最初にこのようなことをお伝えするかというと、チャットワークを導入すると、その効率のよさを実感して驚かれるのですが、誤った使い方によってマイナス効果に発展するケースがあるからです。

　私たちは、チャットワークを使った人や組織がそれまで

以上に仕事の効率をアップさせ、それによって生まれた時間を、アナログのコミュニケーションや、より仕事を充実させることに使っていただきたいと考えています。先述したとおり、スタッフ同士の会話や飲み会などのイベント、家族との時間をつくるためにチャットワークを活用していただきたいのです。

　指示を出すのも簡単、効率もいい、共有も容易にできる、口頭では気を遣うことも簡略化できるからといって、アナログのコミュニケーションを疎かにしてしまうと人間関係はよくなりません。

　人間関係を軽視していると、社内の問題がこれまでの「業務効率」から、新しく「人間関係」に移ってしまいます。そうならないためにも、本書を読んでいただき、上手にチャットワークを活用していただければと思います。なお、チャットワークの社内での活用事例についてはChapter5で詳しくお伝えしていますので、参考にしてください。

⑤ チャットワークを使うことで、得られるメリット

　ここまで電話やメールなど、ほかのコミュニケーションツールとの比較をしてきました。ここからは、チャットワーク以外のチャット機能のある各ツールとの比較、そしてチャットワークの多くのメリットについてお伝えしていきましょう。

◆ LINEとの6つの違い

　LINEは気軽にやりとりができるため、業務時間外にも仕事のメッセージが届き、既読機能によって「急いで返信しなければならない」「メッセージを読んだことが相手に伝わっている」というプレッシャーが生じます。

LINEの場合		チャットワークの場合
仕事とプライベートのメッセージが混同	▶	業務時間外は開かずプライベートと切り分けられる
既読機能による返信のプレッシャー	▶	相手に既読通知が届かないため自分のタイミングで返信できる
個人アカウント上に機密情報や顧客情報のやりとりが残る	▶	退職時にアカウントを削除でき情報漏洩を防げる
過去のメッセージが検索できない	▶	過去のすべてのメッセージを検索できる
依頼したタスクのやり忘れや漏れが発生する	▶	依頼者、担当者ともにタスク機能で管理できる
端末が変わるとログが消えてしまう	▶	すべてのメッセージがどの端末で見ても同期されている

◆ Facebookとの6つの違い

　Facebookの機能の1つに、「グループ」があります。チャットワークと少し似ているところもあり、グループ機能との違いを聞かれることがあります。

　比較していただくと、Facebookは少人数や個人用途などのカジュアルユース向けにつくられていることがわかりますが、チャットワークはプロジェクトのやりとりや組織向けにつくられていることがおわかりいただけると思います。

Facebook の場合	チャットワークの場合
仕事に関係のない友達の情報が流れ、業務に集中できない	すべてのメッセージが仕事に関係する内容
個人アカウントに機密情報や顧客情報のやりとりが残る	退職時にアカウントを削除でき情報漏洩を防げる
「いいね！」やコメントでメッセージの順番が入れ変わってしまう	メッセージは時系列で表示され見落とすことがない
設定を誤るとすべてのやりとりが誰でも見えるように公開される	誰でも見られるような公開設定がなく安心して使える
依頼したタスクのやり忘れや漏れが発生する	依頼者、担当者ともにタスク機能で管理できる
プライベートな情報が仕事関係者に見られてしまう	仕事上の連絡先やプロフィールのみ表示される

◆ Skypeとの7つの違い

　Skypeはメールよりもレスポンスが早く、複数人で同時にやりとりができますが、自分と相手が同時にWEB上に立ち上がっていないとメッセージやファイルが送れなかったり、違う端末（パソコン、スマートフォンなど）で使うと、メッセージの更新状態がバラバラだったりします。

Skype の場合	チャットワークの場合
相手がオフライン時にメッセージやファイルが送れない	クラウド型のチャットツールであるため相手がオフラインでも送受信できる
複数のパソコンでアクセスするとメッセージの状態がバラバラ	どの端末でアクセスしても最新の状態でメッセージを送受信できる
パソコン引っ越し時のログの移行が難しくて面倒	クラウド上にログがあるためバックアップや移行する必要がない
チャットのやりとりで依頼したタスクが流れてしまう	依頼者、担当者ともにタスク機能で管理できる
チャットログの横断検索ができない	すべてのチャットを横断検索することができる
取引先がコンプライアンスに厳しい大企業だと導入できない	クラウド型のサービスであるため大企業でも導入できる
社内の重要なファイルが漏れる恐れがある	管理画面でファイル送信を制御できる

◆ Google Chat との6つの違い

　Google Chat は、送ったメッセージの編集や削除ができない、写真以外のファイルをアップロードできないなど、ビジネスシーンで利用するコミュニケーションツールとしては不十分です。

Google Chat の場合	チャットワークの場合
チャット内でメッセージが検索できない	過去のすべてのメッセージを検索できる
送信したメッセージを編集、削除できない	送信したメッセージを編集、削除できる
写真以外のファイルをアップロードできない	どのようなファイルでもアップロードできる
ビデオ会議の補完ツールとして、一時的なやり方に向いている	継続的なやりとりに向いている
チャットが増えると画面が埋めつくされる	チャットが増えても見やすいユーザーインターフェース
メールとチャットのやりとりでコミュニケーションが混同する	チャットのみのコミュニケーションで混同しない

　このように、ほかのチャットツールと比較しても、チャットワークにはビジネスに特化した多くのメリットがあることが、おわかりいただけると思います。

　続いて、チャットワークを使うことで得られるメリットですが、

「グループチャットで簡単会議」
「シンプルなタスク管理」
「便利なファイル管理」
「映像や音声でのLive 会議」

と、大きく分けて4つあります。

詳しくはChapter2以降で使い方とともにお伝えしていきますが、**プライベートとビジネスを明確に切り分けて設計されたツールである**ことを覚えておいてください。

　そして、ビジネスユースに特化して設計されたもう1つのポイントは、セキュリティについてです。チャットワークは、世界最高のセキュリティ基準を満たしているAmazonのサーバーを使用しています。

　チャットやタスクはもちろん、ファイル送信も含め、サーバーとの通信はすべてSSL（Secure Socket Layer）により暗号化されていますので、重要な情報のやりとりも安全です。チャットワークにアップデートしたメッセージやファイルがどのパソコンやスマートフォンからでも見られるのは、このような理由があるからです。
　また、すべてのデータのバックアップに関しても、「Amazon S3」を使用して行なっているほか、ISMS認証の取得、第三者機関による外部・内部両面にわたるセキュリティ監査を実施することで、サーバーの安全性が保証されています。

❻ チャットワークを導入する前に

　ここまでお読みいただいて、チャットワークの有用さをご理解いただけたと思います。
　次のChapterからは実際に導入するための手順を詳しく解説していきますが、その前にこのChapterの最後として、チャットワークを上手に組織に浸透させていくためのポイ

ントをご紹介します。

①リーダーを決めよう

　チャットワークを導入する際には、最初にリーダーを決めておきましょう。リーダーを決めておくことで、導入する際の疑問点や不明点を誰に聞けばいいのかが明確になります。チャットワークリーダーとなる人は、まず導入する目的や意図、意味、メリット、将来像（ゴール）をイメージしておきます。そして、チャットだけで社内のコミュニケーションのすべてを解決しようとするのではなく、あくまでアナログのコミュニケーションの補助として使用することを理解し、導入の際の社内外からの声に対応できるようになってください。社内に浸透してきたら、リーダーはその役目を終えることもできますので、気負わず、楽しむ気持ちで始めるとよいと思います。

②チャットをつくりすぎないようにしよう

　チャットワークリーダーを選定して導入を開始すると、リーダーのなかには流行らせるためにどんどんグループチャットをつくったり、ITに詳しいリーダーだと「これは便利だ」と思って、先へ先へと準備をしようとする人がいます。

　ですが、それは少し待ってください。確かにチャットワークは大変便利なツールなのですが、だからといって先に準備しすぎると、内容のない空っぽのグループチャットばかりが生まれてしまいます。そうなってしまうと、あとから入ってきた人から「チャットワークは重要なものが入っていないITツールなのでは？」と疑問を抱かれてしまい、最悪の場合、使われなくなってしまう恐れがあるのです。

張り切ったばっかりに、チャットワークに悪い印象をもたれてしまっては本末転倒です。そこでリーダーはまず、「なぜ、そのグループチャットをつくる必要があるのか？」などの目的を導入メンバーとそのつど話し合い、本当に使うかどうかを見極めて、状況に合わせて少しずつ増やしていくことを心がけましょう。

③いまある業務を移行しよう

　チャットワークをとりあえず使ってみよう、という姿勢は素晴らしいものですが、目的や意図を明確にせずに新しいツールを導入しようとすると「いまより業務が増える」と抵抗が生まれやすくなります。

　ですから、最初は「社内メールをやめてチャットワークに移行します」「紙面での日報をやめてチャットワークに移行します」など、増えるのではなく移行することを目的としてシフトする、または、２つ３つあった業務がチャットワークで１つに集約されることをアピールしていきましょう。「年間○時間浮く」というメリットを先に説明してから導入すると、「楽になるなら……」とスムーズに導入してもらいやすくなります。

④導入反対の声には耳を傾けよう

　もしチャットワーク導入に反対の声や不満の声が上がったときは、「決まったことだから」と無理に推し進めるのではなく、意見を聞くようにしましょう。私たちが聞いてきた声でいうと、「慣れていないから」「わからないから」という声がほとんどでした。人は慣れているものを使いたいものなので、そういう声が上がってくるのは当然なのかもしれません。

　チャットワークはビジネスユースを想定しているからこ

そ、誰にでも使えるシンプルな設計にしています。リーダーはメリットを最初に伝え、反対している人が主張する内容にしっかり耳を傾けて、相談に乗ったり、どうやったら解消できるか、一緒に考えるようにしましょう。

必要であれば導入の手伝いをして、「できないもの」と思われないことが重要です。そうやって反対している人たちに真摯(しんし)に接することで、彼らが味方になる可能性は高くなります。反対していた人が味方になると、それが追い風になって導入がスムーズになります。とくに、そのグループで最も権限のある人を味方につけると、一気に広がっていきます。

⑤成功事例を積み重ねよう

最もシンプルな導入の仕方が、小さなチームで始めてみることです。トップダウンで一気に社内に導入する必要がある場合もありますが、まずは社内の幹部だけ、プロジェクトチームだけ、チャットワークリーダーだけ、一部署だけ、などと使ってみて、社内での成功事例を1つずつ積み重ねていきましょう。

「うちの部署で日報として活用したら、1週間でこれだけ時間が浮いた」というような成功事例が出てきたら、よいタイミングです。可能であれば数字を出して、社内プレゼンを行なってみてください。すると「じゃあ、うちのチームでもやってみようか」という空気が必ず生まれます。そうした空気が生まれたら、導入するグループを増やしていくといいでしょう。

なかには個人的にチャットワークを使っている人が社内にいたりするので、そういう人をリーダーにしたり、そういう人たちのチームをつくります。そういった人のなかに影響力の強い人がいたりすると、導入しやすくなります。

⑥あなたがリーダーになろう

　チャットワークは社内に浸透してこそ、初めて真価を発揮します。少しずつでいいので、喜んで使ってくれる人、便利だと思ってくれる人を増やし、小さな成功事例を積み重ねて文化形成をしていくことが大切です。そのためにはやはり、いまこの本を読んでいるあなた自身がチャットワークリーダーになるのが一番よいのではないでしょうか。あなたがこの本を手に取ってくださっているということは、少なからずチャットワークに興味があったり、チャットそのものに価値を感じていただけているのだと思います。

　チャットは、口頭のコミュニケーションと同じように気軽におしゃべりができる機能です。そして、チャットワークもまた、そうなのです。社内外のみんなが、楽しくビジネスコミュニケーションを取るためのツールとして生まれました。
　ですから、これまでのビジネスツールのように管理・監視のためには使わないでいただきたいのです。「返事は〇分以内に返すように」というような使い方はやめてください。どれだけ社会がIT化・システム化したとしても、アナログのコミュニケーションがなくなることはありませんし、なくしてはいけないものです。厳密なルールでチャットワークを縛るのではなく、チャットも口頭と同じ、人と人とのコミュニケーションであることを忘れずに、社内全体の業務効率化による人間関係の潤滑油として活用してください。

Chapter 2

まずはここから！
チャットワーク基本編

① さあ、始めよう！

このChapterでは、チャットワークをこれから始める方や、使い始めたばかりの方へ向けて、チャットワーク導入の手順と基本的な使い方をお伝えしていきます。

チャットワークは、メールアドレスだけで簡単に登録できるビジネス用コミュニケーションツールです。準備するものはメールアドレスとパソコン、またはスマートフォンだけです。**登録も無料です**。お手元のパソコンやスマートフォンで登録してください。

※メールアドレスは、メールアドレス受信確認のステップがありますので、いま受信できるものをご利用ください。

誰かと一緒に始めることで、今後のチャットワークの活用がスムーズになります。ぜひ、同僚やお知り合いの方と一緒に始めてみましょう。

② メールアドレスで登録

まずはパソコンでの登録方法からお伝えします。

①Googleなどの検索エンジンで「**チャットワーク**」と入力し、リンクをクリックすると、チャットワークのトップページが表示されます。メールアドレスを入力して「新規登録」をクリックしてください。

②入力すると、このような画面になります。この時点では、チャットワークの登録はまだ完了していません。あなたが入力したメールアドレスあてに確認のメールが届いていますので、メールボックスをご確認ください。

> このたびは、チャットワークをお申し込みいただき、誠にありがとうございます。
> アカウント発行についてご案内いたします。
>
> ◆ アカウント発行手続きの流れ
>
> チャットワークをご利用いただくには
> 下記の手順にてアカウントの発行手続きをお願いいたします。
>
> 1)
> 下記のアカウント発行用URLをクリックしてください。
> ・アカウント発行用URL
> https://www.chatwork.com/service/packages/chatwork/register.php?lang=ja&pkey=f87155c13431ab4f&act=logout&d=1
>
> 2)
> アクセスしていただきますと、チャットワークお申し込み画面が
> 表示されますので必要事項をご入力ください。
>
> ※セキュリティ上、パスワードの設定を求められます。
> お好きなパスワードを設定し、設定したパスワードは大切に保管してください。
>
> お申し込みが完了すると、チャットワークへのログインに関する
> ご案内メールをお送りしますので、ログイン方法についてはそちらをご確認ください。

③メールボックスには、上記の内容のメールが届いているはずです。メール本文の内容に従って、アカウント発行手続きを行なってください。

メールアドレスとパスワードは、チャットワークのログインに必要な重要な情報になりますので、忘れないように管理をお願いします。チャットワークは、みなさまの大切なビジネスコミュニケーション情報を取り扱います。そのため、パスワードはほかのサービスと同じパスワードを使わず、複雑なパスワードを設定することを強くおすすめします。

④メール本文内のリンクURLをクリックすると、「お客様情報の入力」のページに移動します。**名前とパスワード（必須項目）**を入力し、「同意して次へ進む」をクリックしてください。

⑤申し込みが完了すると、このような画面になりますので、「チャットワークを開く」をクリックしてください。

⑥メインの画面が表示され、登録完了です。

※チャットワークはスマートフォンにも対応しており、App StoreやGoogle Playから無料でアプリを入手可能です。スマートフォン、タブレット端末での登録方法は、このChapterの最後でお伝えします。

❸ プロフィール(画像とID)を設定しよう

登録が完了すると、チャットワークを使うことができますので、次のステップへ進みます。

①画面右上に表示されている名前をクリックして「プロフィール」を選択します。

②「プロフィールを編集」をクリックします。

③「**写真を変更する**」をクリックすると画像を選択できます。お好きな画像を設定してください。

※画面を下へスライドさせると、組織名やメールアドレス、電話番号などの設定を任意に行なうこともでき、公開するかどうかも選択できます。

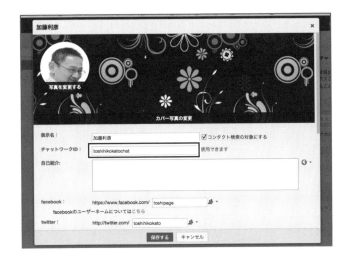

④チャットワークIDを入力します。チャットワークIDとは、自分が固有にもつことができるIDのことで、これをもっていると他の人に見つけてもらいやすくなります。入力画面になるべくわかりやすいID（名前など）を半角英数字で入れてください。入力したIDが使用できるかどうかも、すぐにわかります。

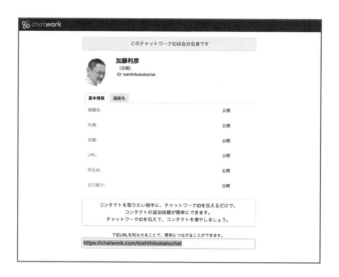

⑤入力が完了したら「保存する」をクリックしてプロフィールの設定が完了します。表示された確認画面で間違いがないかを確認しましょう。これで、プロフィール情報の設定は完了です。

❹ 知り合いをコンタクトに追加しよう

　自分のプロフィール設定が終わったら、知り合いをコンタクトに追加します。

◆個人を探す、個人を招待したい場合

　次の画像を参考にしながら、チャットワークを使っている知り合いを検索してみましょう。

①画像左上の「＋」をクリックし、「コンタクトを追加」をクリックします。なお、画面右上の人型マークの「コンタクト管理」からでも同様の操作が可能です。

②コンタクト管理の**「新しくコンタクトを追加」**のタブで、追加したい人の名前を入力します。追加したい人がチャットワークをすでに登録していれば、入力した時点で候補欄のなかに名前が表示されますので、「コンタクトに追加」をクリックしてください。相手が未登録の場合は「該当ユーザーが見つかりませんでした」と表示されます。

③名前で見つからなかったときには、相手のメールアドレスを入力しましょう。もしも追加したい人が見つからない場合でも、「招待メールを送信」をクリックすることで、チャットワークへの招待メールを送ることができます。

④「コンタクトに追加」「招待メールを送信」をクリックすると、あなたのコンタクト管理画面に「承認依頼中(件数)」のタブが新たに作成されます。

◆コンタクトを追加、承認依頼メッセージを送ると

①承認依頼を送られた側は、画面上の「コンタクト管理」のタブに件数が赤字で表示されます。

②「コンタクト管理」の画面を開くと、未承認の件数が赤字で表示されます。

③チャットワークでつながってもよい知り合いかどうかを判断し、「承認する」か「拒否する」をクリックしましょう。

④コンタクトが承認されると、双方のチャット一覧に相手の名前が表示され、いつでもチャットができるようになります。

⑤-1. チャットワークの４大機能 ①メッセージ機能

　チャットワークには大きく分けて「メッセージ」「タスク」「ファイル共有」「ChatWork Live」の４つの機能があります。それぞれを詳しくお伝えしていきます。

　チャットワークのメッセージ送信には、１対１で行なうチャット（ダイレクトチャット）とグループで行なうチャット（グループチャット）の２種類があります。基本編では、主にダイレクトチャットで使用する機能について

紹介します。グループチャットで活用する機能については、Chapter3でお伝えします。

▶▶▶ 1．メッセージ送信

　チャットの基本は、相手とのメッセージのやりとりです。まずは、メッセージの送信方法についてお伝えします。

①メッセージの送信は、画面下にある**「ここにメッセージを入力」**と書かれた箇所に入力します。メッセージを入力したら送信ボタンをクリックするか、もしくは「Shift + Enter」キーを押すことでメッセージを送信できます。

②送信ボタンの左横にあるチェックボックスにチェックを入れておくと、Enterキーを押すだけでメッセージを送信できます。この場合、「Shift + Enter」キーを押すと改行になります。

③送信されたメッセージはお互いのチャット欄に表示され、双方で確認できます。右端には送信時間も表示されます。

▶▶▶2．エモーティコン（絵文字）

　チャットは、メールなどに比べて気軽にコミュニケーションを取れるところがメリットの1つです。「エモーティコン（絵文字）」を文末につけたり、返事として使うと、より親近感のあるコミュニケーションを取ることができます。

①メッセージ入力画面の左上にあるニコちゃんマークをクリックすると、エモーティコンが表示されます。

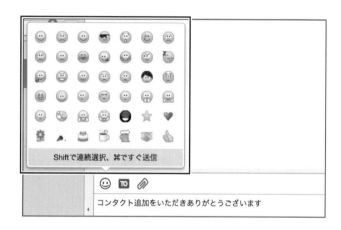

②表示されたエモーティコンにマウスのカーソルを合わせると、そのエモーティコンの意味が表示されますので、表現に合ったものを選んでクリックしましょう。

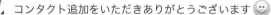

③送信ボタンをクリックすると、チャット画面にエモーティコンが反映されます。

▶▶▶ 3．未読

相手から送られてきたメッセージは、あなたが読むまでは「未読」として扱われます。当然ながら、確認すると「既読」になりますが、チャットワークには既読表示機能はありません。既読表示があると返信を急がないといけないプレッシャーが生まれて、チャットワークを見ることにストレスを感じてしまうためです。

ここでは既読のものを未読にする方法をお伝えします。

①未読にしたいメッセージにオーバーマウス（文章の上にカーソルを乗せる）します。すると「返信」「引用」「タスク」などのメニューが出てきますので「…」をクリックし、「未読」を選びます。

②未読にすると、チャット一覧に未読のメッセージ数が表示されます。目を通した相手からのメッセージに対して、いますぐ相手へ返事ができない場合などに、意図的に既読のメッセージを未読扱いにすると、返事をすることを忘れずに済みます。

▶▶▶4．削除

誤ってメッセージを送信してしまったとき、そのメッセージを削除することができます。

①削除したい自分のメッセージにオーバーマウスします。メニューの「…」をクリックし、「削除」を選びます。

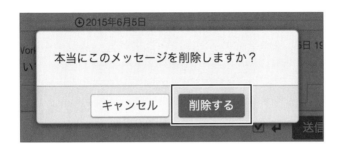

②「本当にこのメッセージを削除しますか？」と確認されますので、削除したい場合は「削除する」をクリックしてください。添付ファイルがあるメッセージの場合は、メッセージのみの削除か、ファイルごとの削除かを選ぶこともできます。

▶▶▶5．編集

　誤ってメッセージを送信したり、送信後に誤字に気づいたりした場合などに、そのメッセージを編集することができます。

①自分がすでに発言したメッセージにマウスオーバーし、「編集」をクリックします。

②編集ボタンをクリックすると、メッセージ欄に「メッセージを編集中です」の文字とともに、選択した過去のメッセージが表示されます。

③正しいメッセージを入力し直し、保存ボタンをクリックします。「×」をクリックすると、編集をキャンセルできます。

④編集されたメッセージは、チャット欄の本来の時系列に表示されます。

5-2. チャットワークの4大機能 ②タスク機能

4大機能の2つ目は「タスク」機能です。

タスクとは"やること"を指します。やることは「他者から自分に課されたこと」「自分で自分に課したこと」に分類することができるでしょう。

チャットワークでは、プロジェクトで特定の誰かが特定のメンバーに課したタスク、自分で自分に課したタスクを簡単に追加・管理することができます。

チャットのメッセージは時系列に表示され、会話の流れ

によって、どんどんメッセージが流れていきます。そのため、仕事の依頼やお願いなどがメッセージのなかに埋もれてしまい、依頼された側が忘れてしまう場合もあります。これは、メールや電話、口頭でも同じことがいえます。

しかし、チャットワークの「タスク」機能を使うことにより、通常のメッセージとは別枠で完了しないと消えないタスク欄のなかでタスクを管理することができます。「タスク」機能で管理することにより、タスクの依頼元も依頼された側も忘れてしまうことなく確実に業務を進めることが可能になります。

▶▶▶1．タスクの追加と完了

まずは基本のタスクの追加と完了を覚えましょう。

①タスクを追加したいチャットを選び、画面右側のタスク窓に業務内容を入力します。

②タスク窓下の「担当」もしくは「+」をクリックすると、担当者を選ぶことができます。

③「期限」もしくは「カレンダー」をクリックすると、期限を設定することができます。

④担当者と期限が決まったら「タスクを追加」をクリックしましょう。追加されたタスクはチャット欄とタスク欄に表示されます。

⑤タスクが完了したら、完了ボタンをクリックしましょう。すると、チャット欄に完了したことが通知され、タスク欄にも表示されなくなります。

▶▶▶2．タスクの編集

　タスクの内容に変更があったときは、新たに追加せず、編集機能を使うと便利です。

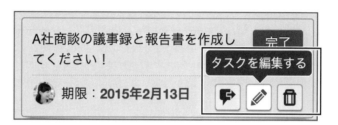

①該当タスクにマウスオーバーすると、メニュー画面が出ますので、「タスクを編集する」をクリックします。

②すると編集画面が表示されますので、内容を編集して「保存する」をクリックしてください。

③編集されたタスクがチャット欄に新しく追加されます。

▶▶▶3．タスクの管理

追加・完了したタスクは管理画面から一括管理することができます。

①画面右上の「タスク管理」アイコンをクリックすると、管理画面が表示されます。

②管理画面は「未完了タスク」「完了タスク」の2つのタブで分けられています。未完了タスクは期限ごとのタブがあり、該当するタスクが赤字で表示されます。また、自分がタスクの担当者か依頼者かも切り換えることができます。

③完了タスクには完了したタスクの一覧が表示されます。任意で未完了に戻したり、追加した時点のチャットへの移動、編集、削除ができます。

④完了でも未完了でも、タスクをクリックすると管理画面右側にその詳細が表示されます。

❺-3. チャットワークの4大機能 ③ファイル共有

4大機能の3つ目は「ファイル共有」機能です。

チャットワークでは、簡単にファイルのアップロード、ダウンロードをすることができます。グループチャット（プロジェクト）内で、大きなデータのやりとりをする場合は、この機能を活用しましょう（1ファイルサイズあたり最大5GBまでアップロードできます）。

▶▶▶1．ファイルのアップロードとダウンロード

①メッセージ欄の「クリップ」アイコンをクリックします。

②ファイル選択画面が開きますので、任意のファイルを選択し、「開く」をクリックします。

③チャット欄にファイルがアップロードされます。

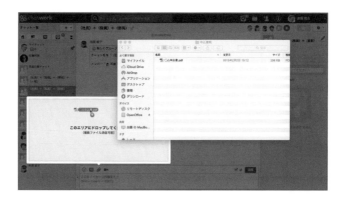

④任意のファイルを画面上にドラッグ&ドロップすることでもアップロードが可能です。

⑤共有されたファイルをクリックすると、ダウンロードが開始されます。ダウンロードされたファイルは、基本的にパソコンのダウンロードフォルダ内に入ります。

❺-4. チャットワークの4大機能
④ ChatWork Live 機能

　4大機能の4つ目は「ChatWork Live」機能です。
　ChatWork Liveとは「音声通話」「ビデオ通話」「画面共有」機能を総称した名称です。
　従来の文字での情報交換に加え、顔を見ながら相手と話をしたり、パソコンの画面を見せながら効率的にコミュニケーションすることが可能になります。Skypeの代わりにもなりますし、Webカメラ、もしくはWebカメラ付きのパソコンをお持ちの方は、いますぐに使ってみましょう。ビデオ通話が苦手な方は音声通話での利用も可能です。

▶▶▶ 1. 音声／ビデオ通話の使い方

①メッセージ欄の「ビデオ」アイコンをクリックします。

②グループチャット内にいるメンバーを指定できます。ダイレクトチャットの場合は、選択画面ではなく通話ボタンが表示されます。「ビデオ通話」か「音声通話」を選んでクリックします（※初めて使う場合はプラグインのインストールが必要です）。

③参加者のチャット欄には「ChatWork Liveを開始」というメッセージが自動で投稿されます。参加者はそのボタンをクリックし、「音声通話」か「ビデオ通話」を選択することで、通話に参加することができます。

④フリープランの場合、ビデオ通話は1対1に限られますが、有料プランユーザーが参加することで、最大14人まで同時にビデオ通話をすることが可能です。

　通話機能を使えば、離れた場所にいる相手と会話することができるので、とても便利です。
　ですが、通話ができるようになったからと必要以上に使ってしまうと、逆に効率が下がってしまいます。基本はチャットでやりとりをしつつ、ChatWork Liveを使ったほうがよい場合にだけ利用するようにしましょう。

- 新しい企画のアイデアなどを相手と話しながら詰めていきたい場合
- 定例ミーティングなど、進捗(しんちょく)状況や問題点の報告をする場合

これらのような「文字だけでは伝えにくいこと」を共有する場合に使うことをおすすめします。

▶▶▶2．画面共有の使い方

声だけでは伝えづらい仕事内容、資料を閲覧しながら会話をしたい場合、そのほか、以下に挙げたような場面では、画面共有機能を使うと便利です。

- Webサイトのデザインの修正点について、画面を見せながら説明する
- 提案書や営業資料を見せながら、上司に内容を相談する

画面を共有しながら話すことで、より円滑に情報共有することができます。

①通話中に画面右上の「画面共有」アイコンをクリックすると、画面共有がスタートします。

②画面共有中は、自分のパソコン画面が相手のパソコン画面上に映し出されます。

③画面共有を終了したいときは、「画面共有を停止」をクリックしてください。

　画面共有機能の活用方法として、議事録作成で活用してみるのもおすすめです。
　通常、議事録は会議が終わったあとに作成しますが、「そこは間違っている」「自分はそんなことを言っていない」などの指摘があとから入り、修正しなければいけないケースがあります。

　このようなムダを省くために、画面共有機能を使って議事録を画面共有しながら会議を進めてみましょう。記録係は会議中に議事録を書いていき、その様子を画面共有するのです。間違った内容を書いた場合には、すぐに参加者が気づくことができますし、会議が終わるころには議事録が完成しているということになります。

　また、議事録には会議の目的などを記載しますので、みんなでそれを見ながら会議を進めることで、話の流れで会議のもともとの趣旨とずれていくというようなことも防ぐことに役立ちます。さまざまな場面に合わせて画面共有を活用することで、離れていても円滑な会議を進めることが可能になります。

▶▶▶ 3．ChatWork Liveの各種機能

ChatWork Liveには以下のような機能も揃っています。用途に合わせて使い分けましょう。

●参加者リスト非表示ボタン

- 画面右下にある「矢印」アイコンをクリックすることで、参加者を非表示にすることができます。パソコンの画面が小さい場合などにご活用ください。

●ビデオ・マイクON／OFF機能

①通話中に「マイク」アイコンをクリックすることで、マイクのON／OFFを切り替えることができます。雑音が入るのを防止するため、大勢で通話しているときは話す人以外はOFFにしておきましょう。

②通話中に「ビデオ」アイコンをクリックすることで、ビデオのON／OFFを切り替えることができます。ビデオでの参加が難しいときは、OFFにして音声のみで参加しましょう。

携帯電話での通話に慣れていると、顔を見ながら話すビデオ通話に少しとまどうかもしれません。ですが、ビデオ通話を使うことには以下のようなメリットがあります。

・話が理解できているかどうか、提案内容に同意しているか、などが相手の表情からわかる
・相手の様子が見えるので、話すタイミングが重ならない

声だけに比べて多くの情報が伝わるので、より円滑にコミュニケーションを取ることができるようになります。このあたりに必要性を感じるときは、ビデオをONにしておくようにしましょう。

●ビデオ通話設定機能
　マイクやスピーカーの機器が正常に動かない場合は、ビデオ通話設定を確認してみましょう。

- 「設定」アイコンをクリックすることで、マイク、カメラ、スピーカーの各種設定を行なうことができます。

対面で話す＞ビデオ＋画面共有＞ビデオ通話＞音声通話＞チャット

これを伝えたい情報の内容や優先度によって使い分けることが、コミュニケーションを円滑にするコツです。

ご紹介した内容をふまえて、ChatWork Liveをうまく活用してください。

❻ 発言をすぐにチェック！デスクトップ通知の設定

「デスクトップ通知」とは、チャット上に発言があると、パソコンのデスクトップに「○○さんからメッセージが届きました」と知らせてくれる機能です。プロジェクトのやりとりを常にチェックしておきたい人などは、設定しておくと便利です。

①画面右上に表示されている名前をクリックして「動作設定」を選択します。

②動作設定画面の「通話設定」タブから、任意のチェックボックスにチェックを入れます。項目ごとの詳しい内容は以下に解説します。

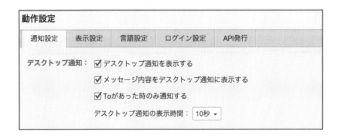

●デスクトップ通知を表示する

　ここにチェックを入れておくと、誰かがあなたにメッセージを送信したときに、「○○さんからメッセージが届きました」とデスクトップに通知されます。

●メッセージ内容をデスクトップ通知に表示する

メッセージ内容までをすぐにチェックしたい場合は、ここにチェックを入れておくと、メッセージ内容も表示されます。

●Toがあった時のみ通知する

「やりとりのすべてが表示されると困る、大変だ」という人は、この「Toがあった時のみ通知する」にチェックを入れておくと、自分あてのメッセージが届いたときのみ表示することができます。

●デスクトップ通知の表示時間

デスクトップに表示される時間も、自分で設定できます。

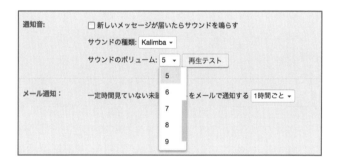

●新しいメッセージが届いたらサウンドを鳴らす

ここにチェックを入れておくと、あなたがメッセージを受信したときに、通知サウンドを鳴らすことができます。

●サウンドの種類

通知サウンドは40種類以上のなかから好きなものを選ぶことができます。

●サウンドのボリューム

　ボリュームは10段階から設定できます。設定したボリュームは、「再生ボタン」をクリックすると確認できます。

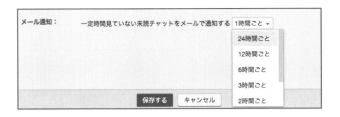

●メール通知

　一定時間見ていない未読チャットがあった場合に、メールで通知するか否か、する場合はタイミングを6段階で設定できます。

7 お気に入りやレスポンス待ちを上位に表示！　ピン機能

　やりとりの多い相手やグループチャット、マイチャットなどをピン留めしておくと、常に上位に固定して表示されるのでとても便利です。

　レスポンス待ちのチャットをピン留めしておくと、たとえば自分が質問し、回答を待っている状態のチャットを上部にとどめておくことができるので、備忘につながります。

- チャット一覧の、個人名、グループ名の右にあるピンマークをクリックすると、マークが青色に変化します。そのチャットを常に上部に固定する設定ができます。

❽ 自分だけのチャット 「マイチャット」

　ここまで、チャットワークの基本的な機能を数々ご説明してきました。次のChapterからは、複数のメンバー（グループ）でチャットワークを使用するための方法、グループチャットを使って社内外での活用方法を解説した「活用編」が始まります。

その前に、おさらいも兼ねて、「マイチャット」を使って、あなた自身がチャットワークを活用してみましょう。

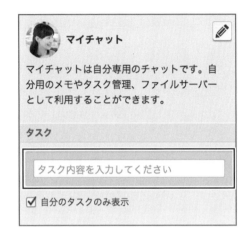

①自分用のタスク管理ツールとして使ってみましょう。

②自分用のメモや備忘録として使ってみましょう。

そのほか、必要なファイル書類を「マイチャット」にアップロードしておくと、外出先でパソコンやスマートフォンなどから閲覧・編集するためのクラウドサーバーとして使うこともできます。お気に入りの画像などを置いておくアルバム、会議音声や映像を保管しておくためのデータ保管庫、クリエイターがふと思いついたことを残しておくためのアイデア帳などにも使えます。

そして、チャットワークを使って新たにやってみたいことを実験してみるなど、あなたの発想力次第で、その用途は多岐にわたります。

1つのマイチャットに何でもかんでもアップロードしたり、済ませてしまうのではなく、用途に合わせて複数のマイチャットをつくって、個別にピン留めしておくことで、情報が整理されて管理が便利になります。

ここまで得た知識を使って、まずはあなた自身が便利に使えるマイチャットをつくってみましょう。

❾ スマートフォンやタブレット端末で使おう！

チャットワークはiPhone、iPad、Androidなど、スマートフォンやタブレットでも使うことができます。

このChapterの最後は、それぞれのダウンロード方法や使い方を説明していきます。

◆ iPhone、iPad でのダウンロード方法

① App Store で「チャットワーク」と検索するとアプリが出てきますので、ダウンロードしてください。ダウンロードができてログインしたら、「チャット一覧」のページを見ることができます。

② 一覧に並んでいるアイコンをタップすれば、その相手、グループとのチャット画面が出てきます。任意のグループをタップすると、チャット画面に移動します。

◆ iPhone、iPad での基本的な使い方

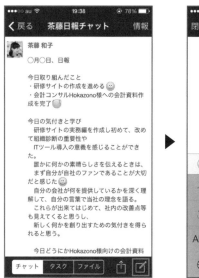

①チャット入力右下のメモマークをタップすると、メッセージの入力画面に変わります。

②文字を打ち、右上の「送信」をタップすれば、メッセージ送信完了です。

Chapter 2 まずはここから！ チャットワーク基本編

③ニコちゃんマークをタップすると、エモーティコン選択画面に変わります。

④「タスク」をタップすると、自分あてのタスクを確認することもできます。

⑤「ファイル」をタップすると、そのグループチャット内にアップロードされているすべてのファイルが表示されます。

⑥チャット画面右上の「情報」をタップすると、そのグループの概要を見ることができます。

⑦「メンバー」をタップすると、そのグループの参加メンバーを確認することができます。

◆ iPhone、iPad でのアップロード方法

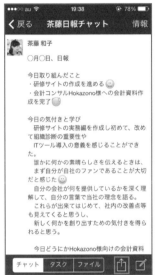 ▶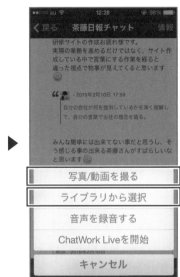

①チャット画面右下のアップロードマークをタップすると、選択画面が開きます。

②「写真／動画を撮る」か「ライブラリから選択」を選んでタップし、アップロードしてください。

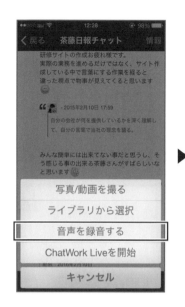 

③音声メッセージをその場で録音してアップロードする場合は、「音声を録音する」をタップしてください。

④録音画面に切り換わりますので、赤いボタンをタップして録音し、「送信」をタップしてアップロードしてください。

◆ iPhone、iPad でも ChatWork Live

①iPhone、iPad でも ChatWork Live が使用できます。「ChatWork Live を開始」をタップしてください。

②メンバーを選択し、「ChatWork Live を開始」をタップします。

③相手が出れば、通話が開始できます。

　ChatWork Liveを外出先でも利用できることによって、たとえば工事現場や倉庫の様子、イベントやセミナー会場の様子、店舗の様子など、電話による通話だけでは伝わりにくかった内容でも、その場の様子を相手に直接、見てもらいながら会話をすることが可能になります。
　ChatWork Liveはリアルタイムでご利用いただく機能ですので、相手がチャットワークの画面を開いている必要があります。事前にChatWork Liveを実施する時間を取り決めておくと、スムーズにChatWork Liveを実施することができます。

◆プッシュ通知

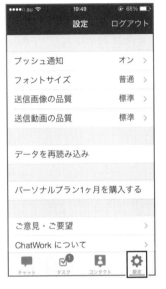 

①チャット一覧画面右下の「設定」をタップすると、各種設定画面に切り換わります。ここではプッシュ通知の説明をします。

②プッシュ通知とは、自分あてのメッセージが届いたときに知らせてくれるシステムです。プッシュ通知のON／OFFや、通知しない時間帯の設定ができます。

プッシュ通知については、スマートフォンの通知設定と組み合わせて、たとえば21時から7時は通知が届かないようにするなど、自分に合った快適な通知ルールを設定すると便利です。スマートフォンの機種によっては、「おやすみモード」などで簡単に通知制限をすることが可能です。

◆ iPadのブラウザで使用する

- Safariなどのブラウザの場合、パソコン上と同じ操作でチャットワークを使用できます。

◆ Android 端末でのダウンロード方法

① Google Play で、同じく「チャットワーク」と検索してダウンロードをします。

② ダウンロードができてログインしたら、「チャット一覧」のページを見ることができます。任意のグループをタップすると、チャット画面に移動します。

◆ Android での基本的な使い方

①チャット画面の右下の「＋」をタップするとメニューが上にスライドして展開されます。

②展開されたメニューをタップして「チャット」「タスク」「アップロード」をそれぞれ操作できます。

③「アップロード」をタップすると各種アップロード画面に切り換わりますので、任意の操作をしてください。

④チャット欄のメッセージをタップすると、そのメッセージに対する操作画面に切り換わります。返信や引用など、用途に合わせて選択してください。

　以上がチャットワーク「基本編」です。
　次のChapterからは、チャットワークの真骨頂である「グループチャット」についてお伝えしていきます。
　グループチャットは、チャットワークをビジネスコミュニケーションのツールとして活用するために外すことはできません。あなたが社内のチャットワークリーダーとして導入を率先していくためにも、しっかりと読み進めていただければと思います。

Column ① with ChatWork

チャットワークはこうして生まれた

ChatWork株式会社　代表取締役　山本敏行

　ChatWork株式会社の前身、株式会社EC studio時代の2010年に開発をスタートさせました。

　EC studioでは、日本の中小企業のためにIT活用を普及させることを目的に活動していました。その当時、社内コミュニケーションのメインの手段としてSkypeチャットを活用していたのですが、Skypeチャットにはいくつかの問題点があることがわかってきたのです。

- 双方がオンラインでないと、メッセージが届かない
- チャットログの検索ができない
- デスクトップパソコンと、モバイルパソコンなどを使い分けるとチャットログが分散する
- スマートフォン版の、テキストチャットの使い勝手が悪い

　これらの問題点の1つひとつは、そのほかのツールと併用してのビジネスコミュニケーションで考えれば、それほど大きなことではなかったのかもしれません。しかし、EC studioのようにビジネスコミュニケーションのメインのインターフェースとして活用していく過程では、こうした問題点が複合的に作用して"大きな壁"となって現れるようになってきました。

　EC studioには、ポリシーの1つとして「世界中探して

もいいものがなければ自社でつくる」というものがあります。Skypeチャットに限界を感じていた私たちは、世界中のそのほかのビジネスコミュニケーションツールを使いながら、やがて「自分たちにジャストフィットしないサービスを使い続けるより、自分たちに合ったクラウドサービスを自社でつくってしまおう」という結論に至ったのです。それが、チャットワークの始まりです。

　チャットワークの開発が始まった2010年当時、すでに世界には多くのコミュニケーションのインフラとなるサービス、メールに始まり、Skype、Google、Facebookなどが存在していました。競合するには相手があまりに大きく、こちらはたった30名ほどの中小企業、チャレンジするのは無謀だったと思います。

　しかし、IT業界では後発であっても、開発の当初からこうした大手のコミュニケーション・インフラと競合するようなサービスにするつもりでしたし、「もしもうまくいかなかった場合でも、自分たちが使おう」という気持ちでリリースしました。

　ところが予想以上の反応で、リリース後1年間で6万ユーザーを突破！　これには驚きとともに、「やったぞ！」という想いでいっぱいになりました。

Chapter 3

一歩差がつく使い方
チャットワーク応用編

chatwork

❶ より効果的な使い方

　Chapter2では、チャットワークの基本的な使い方をお伝えしました。ここまででも十分にチャットワークを使っていただけるのですが、Chapter3からはもう一歩進んで、より効率的にコミュニケーションを取っていただくこと、プロジェクトを円滑に進めていただくことを目的に、応用編をお伝えしていきます。

❷ ネット上に会議室!?「グループチャット」

　社内のチャットワークユーザーを徐々に増やし、各々が使い方を覚えて1対1のダイレクトチャットに慣れてきたら、グループチャットに移行するいいタイミングです。
　グループチャットとは、設定した複数人のメンバーで1つのグループを作成できる機能です（フリープランでは14グループまで、400円〜／月の有料プランでは無制限に作成することが可能です）。

　グループチャットの一番のメリットは、インターネット上に常にオープンな会議室をもてることです。
　チャットワーク上のデータは、各メッセージから共有ファイルに至るまで、すべてサーバーで管理され、送受信は暗号化されていることをChapter1でお伝えしました。ですから、グループチャットを使えば、サーバー上にメンバーだけの"秘密の部屋"をもつことができるのです。

そういうと、もしかしたらメーリングリストに似たものをイメージされるかもしれません。メーリングリストとは、Eメールを使ったインターネット活用法の1つで、代表アドレスにメールを送れば、リスト上の複数の人に同じメールを一斉転送できる仕組みのことです。

　ですが、グループチャットはメーリングリストとは違います。代表メールのアドレスを設定する必要もなければ、メッセージを受け取った側が、わざわざ全返信をつけて返事をする必要もありません。

　グループチャットでは、ネットを通じて、いつでもどこでも発言ができます。参加メンバーに何かしらの動きがあれば、こちらが見たいタイミングでそれが確認でき、情報が得られます。

　あるプロジェクト用にグループを作成すれば、そのグループ内では話題をプロジェクトに関連するものだけに限定することもできるので、別の仕事をしながらでもネット上ではずっと会議をしていられる、そういうイメージでとらえてください。

③ グループチャットを
　　つくるうえでのルール

　Chapter1でもお伝えしたことですが、いくら簡単につくれるからといって、先行してグループチャットをたくさんつくってしまうのは得策ではありません。「とりあえず

始めてみよう」という感覚ではうまく浸透しなかったり、どう使っていいのかもわからなくなります。

　そこで、グループをつくるときはまずルールを先に決めるようにしましょう。そのグループがどういう基準でつくられているのか、どういうことに使い、どういうことに使わないのか、そういったルールを先に発表してから導入するとスムーズです。

　ほかにも、チャットワークを導入するうえで守ってもらいたいルールが存在します。いくつかルールをご紹介しますので、参考にしてください。

◆ルール①：グループ単位で、名前にルールを

　グループチャットをつくるときは、プロジェクトごと、クライアントごと、チームごと、というようにそれぞれのグループ単位でつくりましょう。グループ名も、表記方法の基準をあらかじめ統一しておくと管理が楽になります。

　グループ名の事例は、用途に合わせたものをChapter4で詳しくお伝えしますが、たとえばプロジェクト用に作成したグループであれば【PJ】、オペレーション用に作成したグループであれば【OP】、終了した案件であれば【DN】（Done）と付けるようにルール決めをしておくと、そのグループチャットがどういう目的でつくられたものなのかが明確になります。グループ名はあなたの会社のオリジナルでも構いません。重要なのは表記フォーマットを統一し、一目で何のグループチャットかがわかる状態にしておくことです。

　【営業部チャット①】【営業部チャット②】などの表記で

は、そのグループが何を話題にしているのかがわかりません。英語でも日本語でも構いませんので、わかりやすさを基準にグループ単位でグループを作成しましょう。

　また、グループ単位でグループをつくっていくと数が増えすぎてしまうことを懸念されるかもしれませんが、優先度の高いグループでチャットをするうちに、書き込みのないグループチャットは自然と表示順が下がっていきますので、削除などはせず、そのまま放置しておきましょう。

◆ルール②：1チャットに1トピック

　1つのグループで話題にする内容は1つにするのがおすすめです。1つのグループでトピック（話題）が多岐にわたると、あとになってどの話がどこで行なわれたのかが不明確になり、混乱の原因になります。

　もしも会話中に何往復かのやりとりが必要な別のトピックが生まれたら、メンバーの関係する人たちだけで別のグループをつくり、その話題について話してもらいましょう。

　探している情報がまとまっているチャットが複数できて、過去の話題を振り返るときや、新しく入ってきた人が勉強するときにも役立ちます。

　また、グループが複数できると同じ内容をほかのグループにも伝えないといけないことも出てくると思います。そういうときは片方のグループを廃止して、もう片方に統合してしまうのがおすすめです。廃止するほうのグループに「もうこれ以上は発言しないでください」と書き込んで過

去ログ化し、グループを1つに統合するのです。廃止したグループは、放置しておけば時間とともに下がっていきます。

そうやって、ある程度増えすぎたグループを淘汰していくと、その組織にとってちょうどいいところに落ち着きます。あらかじめたくさんのグループをつくることはよくありませんが、必要であればそれに応じて増やしていき、統廃合していきましょう。

◆ルール③：緊急度が高いことには使わない

チャットワークはリアルタイムに急かされて使うものではありません。ですから、既読機能もあえて外してあります。メールに代わって使っていくという側面もありますので、本当に緊急度の高い案件には向かないのです。緊急度が高いものについては、やはり電話や直接会って話すほうが向いています。

チャットワークを緊急度の高いことで使ってしまうと、相手は「どうして電話してこないの？」「どのくらいの緊急度なの？」と焦ってしまうことにもなりかねません。

もしも緊急度の高いものでもチャットワークを使ってやりとりをしたいと考えるなら、多少、特殊な使い方ではありますが、「緊急用グループチャット」をつくることを検討してください。

「この案件、急ぎではなかったですか？」「お客様が急ぎで回答してもらいたがっています」「急いで折り返しの電話がほしい、とのことです」などのように、電話が通じなくて折り返しを待つ間に、とりあえず書き込んでおく。

チャットワークを開いて最初に見てもらうグループとしての活用などにとどめることをおすすめします。

チャットワークは、基本的に見られるときに見てもらい、返せるときに返してもらうイメージで運用してください。

◆ルール④：メッセージは簡潔に

これは日本の文化なのかもしれませんが、チャットワークのメッセージでも季節の挨拶や「お世話になっております」などのビジネスマナー文を書く人がいます。チャットは英語で「雑談・おしゃべり」という意味でもあるように、気軽にコミュニケーションを取るための手段です。ビジネスにこれを取り入れることで、仕事の効率を上げ、スピードアップしていくための手段と考えてください。メッセージは5W1Hで簡潔に書くことを心がけましょう。

短く簡潔でわかりやすい文章を書くことをルールとしてあらかじめ設定しておくと、コミュニケーション・ロスが激減し、それにともなってアナログのコミュニケーションもよくなります。なるべく短く、かつ誤解のない文章を書く訓練にもなります。

基準としては150文字程度までがおすすめです。200文字を超えると、長く感じる人も出てくるかもしれません。季節の挨拶などを省いて用件だけを２〜３行で伝えるようにし、返事も「ありがとう、助かりました！」くらいにしましょう。長文も、たまに重要なことを伝える場合は構わないのですが、毎回では相手は読むのが嫌になり、優先度が下がってしまいます。

◆ルール⑤：叱ることに使わない

　働く人の気持ちとしては、できたら仕事は増えてほしくないものです。チャットワークは非常に便利なツールですが、あくまでもビジネスコミュニケーションのツールであることを忘れてはなりません。たとえば、上司が部下を叱ることにチャットワークを使ってしまうと、叱られた側はそれだけでチャットワークを使うことを嫌になってしまう可能性があります。

　これはメールなど、ほかのツールでも同じですが、文章で相手に何かを伝える＝言葉がストレートに相手の心に突き刺さってしまいます。また、メッセージはログとして画面上に残ってしまうので、叱られた側はチャット画面を開くたびに叱られたメッセージを読んでしまい、そのときのことを思い出してしまいます。とくにグループチャットの場合などは、叱られたことがメンバー全員に知れてしまい、"さらし者"状態になってしまいます。

　結果、叱られた人は叱られないように守りに入った仕事をしてしまったり、チャットワークの画面を開くのが憂鬱になって、仕事への意欲が下がってしまうことも考えられます。
　これは実際に起こっている現象で、とくに上司と部下が同じグループチャット内にいる場合によく起こります。そして、そういう現場に限って「うまく浸透しない」と不満が聞こえてきます。

　チャットワークは、気になったらいつでも開いて書き込めるメリットや、対面では言いづらいことを文字で伝えら

れるメリット、時間帯を気にせず発言できるメリットがありますが、それが裏目に出てしまっている状況です。

これは最初が肝心です。一度でも叱ることに使ってしまうと、そこから修正していくには時間と労力がかかりますので、大切にしていただきたいルールです。

❹ グループチャットをつくってみよう

グループチャットの概要と、作成時のルールについてはお伝えしましたので、ここからはグループチャット作成の手順を解説していきます。

◆グループチャットの新規作成

①画像左上の「＋」をクリックすると、「グループチャットを新規作成」「コンタクトを追加」と表示されるので、

「グループチャットを新規作成」をクリックします。

②するとグループチャットの作成画面になりますので、各項目を設定してください。

- グループの名前をつける
- 招待する人に"何のグループか"を「概要」で説明する
- グループ専用のアイコンを選ぶ（画像アップロードで別のアイコンを追加することも可能）
- 追加可能なメンバーから、グループに入ってもらう人を選択する

③グループ参加者の選択ができたら、参加者の権限（管理者、メンバー、閲覧のみ）を選びます。「管理者」は、チャットの設定を編集、メンバーを追加・削除することができますが、「メンバー」はできません。グループのやりとり（プロジェクトの進捗）のみを伝えたい相手は「閲覧のみ」を選んでおくとよいでしょう。

④なお、権限の設定はメンバー個別だけでなく、一括で設定することもできます。

◆チャット情報の編集・概要欄の活用

管理者は、チャットの設定を編集することができます。

①概要欄を編集するには、グループ名の右にある鉛筆マーク「チャット情報を編集」をクリックします。

②チャット情報を編集する画面に移りますので、チャット名の変更や概要を入力してください。「保存」ボタンをクリックすると、グループ右上に編集した内容が表示されて、グループ内全員に知らせることができます。

❺ グループチャットでよく使うメッセージ機能

　Chapter2では、ダイレクトチャットで主に使用するメッセージ機能の基本についてお伝えしました。ここでは、グループチャットで主に使用するメッセージ機能についてお伝えします。

▶▶▶1. TO機能

　グループチャットでやりとりをするとき、そのメッセージがメンバーのなかの誰に対して送られたものかがわからなくなることがあります。そんなときに「TO機能」を使うと便利です。

①メッセージ入力画面の左上にある「TO」をクリックすると、そのグループに参加しているメンバー全員のアイコンが表示されます。

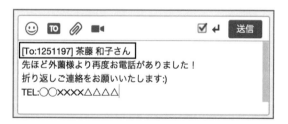

②メンバーを選ぶと、メッセージ欄に相手の名前が表示されます。その下に、相手へのメッセージを書き込みましょう。

③送信すると、チャット欄に緑色で「TO」と相手のアイコンが頭についたメッセージが表示されます。

④メッセージを受信すると、自分あての未読メッセージがある場合は、チャット一覧の「TO」アイコンに赤色で件数が表示されます。

▶▶▶2. 返信

　特定の発言に対して返信することができます。これによって、あなたの返事が相手のどの発言に対して送られたのかが明確になり、やりとりの食い違いなどを減らすことができます。次に説明する「引用」と合わせて覚えておきましょう。

①返信したいメッセージにマウスオーバーし、「返信」をクリックします。

②メッセージ欄に返信をする相手の名前が表示されるので、メッセージを入力し、送信ボタンをクリックしましょう。

③チャット欄には緑色で「Re」と相手のアイコンが頭についたメッセージが表示されます。「Re」をクリックすると、どのメッセージに対しての返信かが表示できます。

▶▶▶3. 引用

相手に返信をするときに引用を使うと、具体的に相手のどのメッセージに対して返信しているのかがわかりやすくなります。グループの人数が増えてくると、誰に対して発言しているのかがわかりにくくなってきますので、引用を使うとスムーズにやりとりができます。

①引用したいメッセージをマウスで範囲指定すると、自動的に「メッセージに引用」「タスクに引用」のメニューが表示されます。

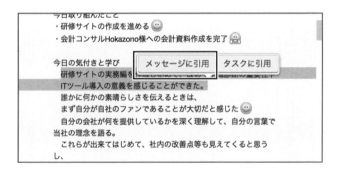

②その状態で「メッセージに引用」をクリックすると、メッセージ欄に引用したいメッセージが表示されます。

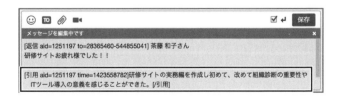

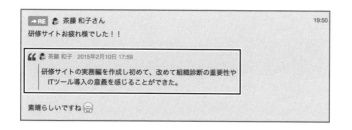

③送信ボタンをクリックするとチャット欄に反映され、どのメッセージに対して発言しているのかがわかるようになります。

▶▶▶4．リンク

チャットワークの個々のメッセージは、すべてショートカット用のアドレスをもっています。「リンク」機能はそのショートカットアドレスを取得できます。

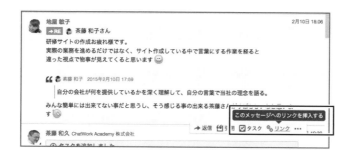

①リンクを貼りたいメッセージにマウスオーバーし、「リンク」をクリックします。

②メッセージ欄に、リンクを貼った発言のショートカットアドレスが表示されます。リンク先の発言についての補足説明であったり、指示についてのメッセージを記入し、送信をすることで、受け手に対してリンク先の発言についての連絡をすることが可能です。

③グループチャットなどで、特定の人へのメッセージとしてリンクを貼るなら「TO機能」を、誰かへの返信としてリンクを貼るなら「返信機能」を使ってから、リンクを貼るようにします。

④送信ボタンを押すとメッセージ欄にリンク先メッセージのアドレスと、メッセージリンクが表示されます。

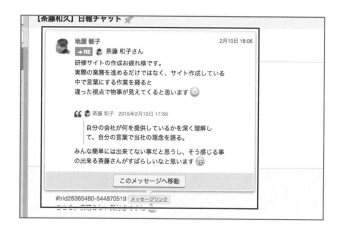

⑤「メッセージリンク」をクリックすると、リンクを貼ったメッセージが表示されます。「このメッセージへ移動」をクリックすると、リンクを貼ったメッセージに移動します。

リンク機能のよいところは、メッセージがあった時系列まで一瞬で移動でき、そのメッセージの前後の文脈も読めることです。メッセージを引用するだけよりも、そこまでの流れもあわせて理解してもらえますので、状況に合わせて使い分けましょう。

▶▶▶5．検索

　多数のメッセージをやりとりするうちに、あとから「あのやりとりはどこだったかな？」とわからなくなるときがあります。そういうときに便利なのが「メッセージ検索」です。

①画面中上の検索窓に特定の単語を入れると、該当するグループチャットの候補が表示されます。グループチャットを検索したい場合は、表示された候補のなかから選択したいものをクリックしてください。

②単語を入れた状態でEnterキーを押すと、その特定の単語を含んだメッセージ検索画面に移動します。検索数は最大200件まで。「新着順」「チャット別」「ユーザー別」に表示を切り換えることができます。

③検索窓右側の「検索オプション」をクリックすると、詳細検索が可能になります。「除外ワード」「発言者」「発言日」を指定して再検索することで、探しているチャットを見つけやすくなります。

　以上がグループチャットのときに活躍するメッセージ機能です。これらの機能はダイレクトチャットでも使用できますので、あわせて覚えておきましょう。

❻ 招待リンクでグループチャットへ簡単招待

　グループチャットは「管理者」に選定されたメンバーが新しく人を追加するのが基本ですが、グループチャットをつくったときに生成された招待リンク（自分の好きなアドレスにその場で変更可能）をコピーボタンでコピーして、招待したい人へ送信することが可能です。

"秘密の部屋"を公開するようなイメージがあるかもしれませんが、正確には、追加したいメンバーのためにグループチャットの玄関を教えてあげるようなイメージです。

　管理者側が追加しなくても、ユーザー側のタイミングで入室してもらいたい場合などに招待リンクを事前に社内公開しておくことで、グループチャットのメンバー管理の運用が便利になります。

①招待リンクは、グループチャットを作成する際に自動で生成されます。

②すでにグループチャットがある場合は、画面右上の歯車マークをクリックし、「招待リンクの設定」をクリックします。

　招待リンクによるグループチャットへの入室は、管理者の承認によって初めて入室が完了する設定と、管理者の許可なく強制的に入室を可能とする設定の2通りが選べます。グループチャットの運用方法や取り扱う情報の機密度に合わせて、設定を行ないます。誤って外部の方や社内スタッフが入室しては困るグループチャットの場合は、管理者の承認が必要となる設定をしてください。

③招待リンクの設定画面が開きますので、「コピー」をクリックします。

④コピーしたURLを招待したい人のメッセージ欄に貼り付けて送信ボタンをクリックします。相手のチャット欄に短縮URLと「グループチャットへ参加」のアイコンが表示されます。

ほかにも、Facebookメッセージで伝える、メール本文に貼りつけて送るなど、URLが相手に伝わる方法であれば、簡単にグループチャットへ招待することができます。
　招待された相手がチャットワークをまだ導入していない場合は登録画面に移動しますので、登録手続きをしてもらいましょう。**登録が完了すると、招待リンクが送られたグループチャットにも追加されます。**

　招待リンクは「○○勉強会」や「□□イベント」などのコミュニティをつくりたいときにも便利です（※チャットワークでのコミュニティ運営については、Chapter4でお伝えします）。

❼ 取引先やお客様とも　　チャットワークでつながろう

　このChapterの最後はチャットワークの真骨頂、社外の人とチャットワークでつながるメリットについてお伝えします。

　チャットワークは社内のビジネスコミュニケーションのためのツールとしても便利ですが、これを応用して社外の相手（取引先やお客様）ともつながると、その方たちとのコミュニケーションも加速させることができます。
　すでにお伝えしたとおり、チャットワークはやりとりが明確で、検索もしやすく、メールよりも距離感が近いため、コミュニケーションを改善させることにも効果があります。

コンサルタントや士業の方、クリエイターといった社外とのつながりが重要な職種の方は、とくに注目です。

　チャットワークを取引先やお客様にすすめるときには、「情報のやりとりの都合上、メールよりもセキュリティがしっかりしているから、これでコミュニケーションを取らせてもらっている」という説明をしていただくと、相手もスムーズに導入してくれるはずです。

　メールアドレスだけで簡単に登録できるので、URLをメールで送って登録してもらったり、可能であればその場でパソコンやスマートフォンを使って導入してあげる方法も有効です。

　チャットワークを導入してコミュニケーションを取ることで得られるメリットは、たとえばこの本を渡していただいたり、あなたが代わりに導入してあげることで、すぐに取り戻せるほど大きいものです。
　ほかにも「流行っていて業務効率が上がる」「御社のセキュリティが強化される」という相手への親切心でおすすめし、広がっているケースも多々あります。

　あなただけではなく、あなたの周りの人にまでも、チャットワーク導入のメリットを伝えてあげてください。

Column ② with ChatWork
チャットワークのチャレンジ

　新しい概念のサービスを広げていくときには、必ず障害となるものが発生します。
- 価格面で折り合わない
- ITスキルが追いつかない
- 効果が見えず、次第に使われなくなる

　などです。しかし、チャットワークはこの3つの課題をクリアすることができました。

　チャットワークには、EC studio 時代からのIT活用ノウハウが集約されていること、初期投資に予算がない中小企業でも無料から始められること、コミュニケーションにメールを使っている企業なら、導入することで必ず生産性が上がること、日本中の中小企業に使っていただける柔軟性があることなど、多くの強みがあります。

　そのなかでも、とくにチャットワークにとってのチャレンジとなったのが、無料からサービスを開始できることでした。チャットワークは、ビジネスモデルとしてフリーミアムモデル（無料から有料になるサービス）を採用しています。たくさんの方に最初は無料で使っていただき、一部の方に有料版を使っていただく仕組みです。日本国内でフリーミアムモデルで成功しているサービスは非常に少なく、個人向けで成功している例も一部見受けられますが、ビジネス向けのサービスとなると成功例は皆無に近い状況です。

なぜ、日本でビジネス向けのフリーミアムモデルの成功例が少ないのでしょうか。考えられるのは、日本の労働人口が6500万人しかいないことです。そして、ITツールをビジネスで利用している労働人口となると、さらに少なくなります。その条件のなかで、一部の方だけに有料版を使っていただくことでビジネスを成り立たせるのは非常に難しいのです。

　また、いずれ有料版にアップグレードする予定のある会社であっても、最初は無料で利用されるため、いつ有料版を使っていただけるかわからず、収益が上がるまでの道のりが非常に長いことも理由です。サービスをリリースするまでのコスト、リリースしてからの改善を行なう開発コスト、サービスを運用するサーバーのコストは積み重なっていきます。

　上記のような理由から、日本市場をターゲットにしたソフトウェアは、フリーミアムではなく、フリートライアルという30日間の試用期間後は有料にしないと使えないサービスがほとんどなのです。ですが、試用期間のビジネスモデルでは、獲得できるユーザーが非常に少ないのが現実です。
　それではChatWork社が目指している中小企業のITの活用という目的には到達することができないと判断し、私たちはフリーミアムモデルにチャレンジしているのです。

Chapter 4

社内外で実践
チャットワーク活用編

1 コミュニケーションを向上させよう

　基本編・応用編を経て、すでにあなたはチャットワークについてかなりの知識を得たことになります。

　このChapterでは、実際に得た知識を使ってチャットワークを社内導入・拡大していくために大切なことや、「こんな使い方もあったのか！」という社内コミュニケーション・アップのためのアイデアをお伝えしていきます。

2 組織階層に合わせたグループチャット

　1つのグループチャットの参加者が100人単位の大所帯になってしまうと、ちょっとした会話をするのも難しくなり、"外交の場"のような気遣いが必要になってくることがあります。

　社長からアルバイトまでの全員が1つのグループにまとまってしまうと、発言力のある人ばかりが発言するようになったり、会話がほとんどトップダウンになる、上司からの指示が通知されて「承知しました」の返事が並ぶだけのチャットになってしまうこともあります。

　それが悪いこととはいいませんが、それだけだとコミュニケーションとはいいづらいですし、部下からの積極的な意見を聞くことができなくなってしまいます。そうならな

いためにも、組織階層やチームを細かく分けてグループを
つくることを心がけましょう。

◆レポートライン作成のメリット

　レポートラインとは、会社組織にいる人たちの指示系統
の道筋のことを指します。自分の責任範囲を超えた判断が
必要な場合に、レポートラインが明確であれば、それに
沿って報告が上がり、指示が下りてくることになります。

　当然ながら、レポートラインは枝分かれしないでトップ
までつながる一本の線の形を取ります。でないと指示系統
がバラバラになり、混乱の原因になってしまうからです。

　チャットワークのメッセージは、気軽にコミュニケー
ションが取れて便利な反面、メッセージのもつ重さに関し
ては、現場スタッフからすると、口頭やほかのコミュニ
ケーション手段と変わりません。そのため、指示系統の道
筋を超えたコミュニケーションには十分な注意が必要で
す。

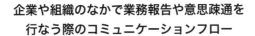

企業や組織のなかで業務報告や意思疎通を
行なう際のコミュニケーションフロー

```
社長
⇅
本部長
⇅
部長
⇅
課長
⇅
係長
⇅
一般
```

　グループチャットを作成するときは、このレポートラインをイメージするとよいでしょう。「幹部のみ」「幹部とリーダー」「現場リーダーとメンバー」といったように、レポートラインに合わせて細分化したグループチャットを作成していきます。

　レポートラインを考えず、「報告も兼ねているから、とりあえず上司も入れておこう」といった感覚でグループを作成してしまうと、たとえば現場リーダーがリーダーシップを発揮してチームの士気を高めているときに、上役の責任者が横から口を挟んでしまって指示系統が乱れたり、誰が上司かわからなくなったりします。

◆詳細なネーミングがとても大切

　これはChapter 3でもお伝えしたことですが、グループの名前の付け方はとても重要です。

　たとえば部署ごとにグループをつくる場合でも、【○○部　情報共有用チャット】【○○部　△△プロジェクト用チャット】というように、同部署内でも少人数で細かくグループ分けをしてネーミングすることで、そのチャット内での話の内容が精査され、過去の会話も探しやすくなります。

　プロジェクトなどでグループをつくる場合でも、担当チームごとに細分化していくことで、運用がしやすくなります。

❸ 他部署の様子を「見える化」
写真共有チャット

　写真共有用のグループチャットを使って、お互いのことを広く薄く知ることができる環境をつくっておくと、スタッフ同士のリアルでの人間関係向上につながります。

　たとえば出張へ行ったとき、特定のメンバーで研修に参加したときなど、お客様との様子や研修会場の様子を写真でアップしておくと、参加していないメンバーもその様子を知ることができます。

　ほかにも、飲み会やイベントの写真を部署や支店、会社全体で共有しておくことで、それを話題にコミュニケーションを取ることができます。
　お客様からいただいたお土産をプロジェクトメンバーで共有しておいて、別の機会にほかのメンバーがそのお客様に会ったときに「先日は結構なものをいただきまして、み

んなでおいしくいただきました」と会話を切り出して、お客様から大変喜ばれたケースもあります。

　本社と支社、離れた営業所になると、それぞれの拠点でコミュニティができて、まるで別会社のようになってしまいますが、この写真共有チャットで広く薄く情報を知っておけるようになると、常にお互いがつながっているイメージをもつことができ、結果、会社が一枚岩になりやすくなります。

　あなたの会社のアナログのコミュニケーションをサポートすることを目的に、活用してみてください。

❹ グループ内にスキルを蓄積 ノウハウ共有チャット

　社内で受けた研修や、外部で研修を受けて得たノウハウやメソッドなどは、ノウハウ共有用のグループチャット上でシェアしておきましょう。

　これからの時代は、自分の学んできたことをいかにわかりやすく社内でシェアし、使えるノウハウとして落とし込めるかが、組織としての戦力強化にとって重要になってきます。チャットワークは、こうした個人の学びを社内でスムーズにシェアすることにも役立ちます。

　研修や勉強会に参加しても、ノウハウを得られるのは受けた本人だけです。本人から口頭で共有することももちろん大切ですが、拡散性としてはあまり効果が望めません。そこで、【〇〇勉強会】などのネーミングでグループを作成し、実際に勉強会後の動画や研修の議事録をアップしたり、気づいたことのメモや質問項目をグループチャット内に直接、書き込みます。量が多いようであれば、企業別や内容別に分けて蓄積していくことで、実際の勉強会や研修以降もチャットワーク上でやりとりが続き、効果的な勉強とスキルの蓄積が可能になります。

　そうすることで、アップした内容をもとにコミュニケーションに発展することもありますし、新人スタッフが入社してきても、そのグループチャットに参加して過去ログを読んでもらえば、簡単に情報共有ができます。

　ほかにも、アップされた内容をもとに社内プレゼンに発展させたり、新しく講師を呼ぶ、もしくはスタッフ自身が講師となって社内セミナーを実施した例も数多くあります。ぜひ、活用してみてください。

❺ みんなの「転ばぬ先の杖」 お困りごとチャット

「〇〇について知りたいんだけど、誰に相談したらいいかな?」
「こんなこと聞いて、迷惑に思われないかな?」

こんなちょっとした"お困りごと"を相談するのは、なかなか難しかったりします。「そんな初歩的なこともわからないの?」と思われるかもしれないという意識があると、聞いたり書き込んだりするのに勇気がいるかもしれません。

それならば【困っていることチャット】や【お困りごとチャット】というネーミングで、最初から困っていることを書き込んでもらうためのグループを用意しておきましょう。

もちろん、こういったグループがなくても、口頭で質問するための場や雰囲気づくりを心がけることも大事です。

ですが、そのための時間が必ず取れるとは限らないことや、個々の対応でお困りごとを解決するだけでは、その人のなかでは解決しても、同じようなお困りごとを抱えた別の人が現れたときに、同じことを繰り返さなくてはいけません。

　このように、困っていることを書き込んでもらうためのグループを作成しておくと、同じことを何度も伝える手間が省けます。また、自分で解決しようとして調べると何時間もかかってしまうことも、ここで質問すれば数分で解決してしまうケースもあります。それだけで時間短縮につながり、仕事の効率アップにもなります。

　さらには、こうしたお困りごとと解決策がグループチャット内に蓄積されていくと、"転ばぬ先の杖"として機能するだけでなく、将来的には会社全体のノウハウとして新人教育研修のカリキュラムに活用することができます。
　社内でのお困りごとをもとにつくられたカリキュラムですので、既存のものよりも自社に合った新人研修を行なうことができます。

　お困りごとチャットは20人以上の規模になると加速的に機能するようになりますので、一部署の人数が少ない場合はほかの拠点の同部署とも連携してノウハウを共有していきましょう。

❻ 餅は餅屋に 社内コンサルティングチャット

　これはお困りごとチャットの社外版とイメージしてください。

　財務や会計、弁護士やコンサルタントなどの外部専門家と契約をしている場合、【財務コンサル〇〇さん×自社名】などのネーミングで、その人を中心としたグループをつくり、社内でのお困りごと解決や、社内の人材教育を加速させる使い方をします。

　これは解決策を求めている本人が、専門家と直接やりとりをしなくても構いません。上司や代表者とのやりとりを見ているだけでも共有になりますし、許可が下りるなら、本人から直接、質問をしてもいいでしょう。知識をもたない素人が長時間、勉強しても正解かどうかが不安な問題も、専門家にお願いすれば数十分で回答を得ることができ、しかもその内容は正確です。記録として残るので、自社のノウハウにもなります。

「餅は餅屋」ともいいます。専門的なことはやはり専門家が一番よく理解していますので、社内教育やビジネスを加速させるためにも活用してみてください。

❼ 個々の仕事を「見える化」 日報チャットで報・連・相

　取引先やお客様から電話があった際、担当者が不在で、電話があった旨のポストイット（付箋）をデスクに貼り付けておいたはずなのに、いつの間にかなくなってしまった、もしくは実は急ぎの案件だった、ということはどこの企業でもよくある光景です。

　これはChapter1、Chapter3でもお伝えしましたが、緊急電話連絡のトラブル、ポストイットのトラブルはチャットワークを使うことで回避できます。それが、日報チャットです。

　個人の報・連・相には重要な内容が含まれているにもかかわらず、組織としてその情報を共有し、活かすことができていない場合が少なくありません。たとえば、上長にしか報告していない、誰かにしか連絡をしていない、といった場合です。
　この日報チャットを上手に活用することで、個人のもつ情報を組織で活かすことも可能になります。

　日報チャットには、入電報告やポストイットの代わり以外にも、さまざまな使い方があります。

　Chapter3のグループチャット作成を参考に、部署やチーム全員を参加させ、タイトルも【○○（名前）日報チャット】として、個人の報・連・相用のチャットを作成します。参加させるメンバーを全社的に拡大すると膨大な数になりますので、部や課ごとのメンバーでつくるようにしてください。

　そうしてつくった自分用の日報チャットに、日々の報告を書き込んでいきます。自分用の日報チャットの目的は、あくまで自分の報・連・相を書き込むためだけのチャットです。自分のテリトリーをつくるようなイメージで、気軽に書き込めます。

　もしも誰かに相談したいことや報告しなければならないこと、連絡が必要なことがあれば、相手の日報チャットに用件を書き込みます。

　相談ごとや依頼ごと、報告内容を共有することで、メンバーのなかから協力者が出てきたり、専門家を紹介しても

らえたり、ということも起こります。

　入電報告も日報チャットで報告しておくと、ポストイットの紛失を回避することができます（緊急の用件の場合は電話での報告を優先させてください）。

　状況に合わせて、日報チャットではなく、入電専用のグループチャットを設けることもおすすめします。

❽ お客様の声を集めよう 喜びの声チャット

　せっかくいただいたお客様からの喜びの声を、一部署やチームだけの共有で済ませてしまうのはもったいないことです。

　そこで、お客様からいただいた喜びの声を全社的に共有し、その喜びをみんなで分かち合うことを目的としたグループを作成してみましょう。

　たとえば会社に100人のスタッフがいれば、たいていの場合、部署も部屋も拠点も違ってきますから、どこで誰がどんなことでお客様から喜ばれたのか、共有するのは難しくなります。
　かといって、日報チャットに喜びの声を共有する要素を入れてメンバーも全社員にしてしまうと、大人数になってしまって日報として機能しづらくなってしまいます。

　そんなことにならないよう、チャットで報・連・相をするときに、お客様からの喜びの声だけに特化したグループを作成するのです。
　お客様からの「ありがとう」につながった内容ですから、それだけで顧客満足につながる自社ノウハウになりますし、何より自分ががんばって出した結果をみんなから称賛されることは、シンプルにうれしいものです。
　始めれば必ず盛り上がりますので、エモーティコンも使って、みんながどんどん参加したくなるようなグループにしましょう。

❾ チャットワークで コミュニティを運営

　Chapter3の招待リンクの項目でもお伝えした、チャットを公開する方法を活用して、企画した勉強会やイベントなどのコミュニティ会員を募集することができます。

　新しく勉強会やイベント、同好会などのグループチャットを立ち上げたメンバーは、「招待リンクでグループチャットへ簡単招待（119ページ）」の方法で、参加してもらいたい人のチャットやメールなどにURLを貼り付け、案内を出しましょう。参加してくるメンバーの権限の設定や、入室に関する制限も、事前に設定することができます。

　参加を決めた人は、URLのリンクからそのグループチャットに参加することができます。遅れて参加した人でも、参加する以前からのやりとりを時系列で追うことができ、過去にどういう動きがあり、現状がどうなっているのかを理解しやすいので安心です。

　これをメールマガジンとして活用する方法もあります。メルマガ用のグループチャットをメルマガチャットとして作成し、自分自身の更新度合いに合わせて更新していきます。
　新しく読者となる人に対しては、「閲覧のみ」の制限をかけてURLを教えるだけで、読者はメルマガを読むことができるのです。

　ログが時系列で残っていますので、一度URLを伝えて

しまえば、読者は第1回の投稿から振り返って記事を読むことができます。

　チャットワークはシンプルであるがゆえにアイデア次第でさまざまな使い方ができるツールであることは先述しましたが、それはグループチャットにおいても同じです。

　他社の方も巻き込んでの「ＩＴ活用研究会チャット」「業務効率研究会チャット」「マーケティング研究会チャット」などでたくさんの方がチャットワーク上でつながり、チャットワーク上で知り合った後に実際のリアルの場で出会い、ビジネスでもお付き合いが始まるケースが全国規模で生まれています。チャットワーク上で事前にコミュニケーションが取れているので、実際に会ったときにはより深いコミュニケーションを取ることができるということも、チャットワークのメリットです。

　次のChapterではさまざまな業態・組織でのチャットワーク活用事例と、その効果を多数載せていますので、ぜひ参考にしていただき、あなたの組織でも導入していただければと思います。

Column ③ with ChatWork

EC studio 社から ChatWork 社へ

　2012年6月、株式会社EC studioは社名をChatWork株式会社に変更しました。それにともなって、これまで展開していた事業の9割を無償譲渡、もしくは終了し、チャットワークのサービス1本に絞ることを決断しました。

　事業を譲渡・終了したというと、社員の雇用においても影響があったと思われるかもしれませんが、譲渡したのはホームページ、お客様、そして売上です。これまで一緒に歩んできてくれた社員は、全員そのままChatWork社に残っています。

　社名変更の大きな理由は、海外への進出を目標にしたことです。2011年1月に海外進出を目標に掲げ、6月にSF New Tech（サンフランシスコで開催されるITイベント）に参加、8月にはアメリカの企業で私自らインターンを2か月間、経験しました。インターン中に日本とアメリカのマネジメントの違いを痛感した私は、アメリカへの移住を決意、そして2012年1月に、経営方針として「社運をかけてチャットワークを世界に普及させる」と宣言しました。

　もともとチャットワークは、「日本発の世界のインフラになるサービスを提供する」という想いをもって生まれたサービスです。ITで世界を目指すには、外すことができな

いのがシリコンバレー。チャットワークを世界のインフラにするためには、代表自らがシリコンバレーに移住して、普及活動を行なうことが必要だと考えました。

　シリコンバレーに進出するうえで考えたことは、Facebook社がFacebookしか提供していない、Twitter社がTwitterしか提供していないように、ChatWork社も提供するサービスをチャットワークだけに絞る必要があるのではないか、ということです。
　当時、EC studio社には30人のスタッフがいて、10の事業を行なっていました。売上も順調で、正直なところ、資金にもそれほど困ってはいませんでした。しかし、そんな状態で進出しても、IT業界で後発の私たちがITの巨人である彼らと対等に戦うことはとても無理だと思ったのです。

　社運をかけてチャットワークを普及させることを宣言した以上、やるしかありません。自分が本気で世界に挑戦することを社内の人にも社外の人にも理解していただくために、12年間使ってきた思い入れのある社名を変更することにしたのです。

Chapter 5

企業別
チャットワーク活用事例

◎さまざまな企業で使われている
　チャットワーク

　このChapterでは、すでにチャットワークを導入されている企業それぞれの活用事例を、業態別にご紹介します。

　あなたの会社、組織、プロジェクトなどでも、活用できるところがあると思いますので、ぜひチャットワークの導入に向けての参考にしてください。

■ **武蔵野**（東京都小金井市）

①業務内容

　地域密着事業としてダスキン商品の取り扱いをしており、オフィス、店舗、家庭の環境向上を目的としたお届けサービスをしております。

　経営支援事業としては、お客様第一主義・環境整備・経営計画書の3本の柱を磨き続けつつ、新たなビジネスモデルとしての「経営サポート事業」を発足させ、全国の中小企業のみなさまの業績向上・お客様満足度向上に貢献する活動を行なっています。

　「生きた経営のショールーム」として、経理を含めた現場を公開し、他社にはない「見る・学ぶ・体験する・共有する」実践型プログラムを提供しています。

②チャットワーク導入のきっかけ、チャットワークに決めた理由

　チャットワーク導入で、実際に業績が上がっていた事例があったこと、それが一番の決め手ですね。

弊社では、スピーディーに対応することをライバルとの差をつける大きなポイントとしており、その点でEメールなどのツールに限界を感じていました。現場では、LINEを使ったりしていましたが、BYOD（私的デバイスの業務使用）セキュリティの観点から、新たなツールを探していたのです。

　そんなときに、「チャットワークの導入で業務効率がよくなった」と、知り合いの経営者の声を聞きました。その会社は武蔵野の「経営者コミュニティ」に入っている会社で、コミュニティに参加してから売上を伸ばし続けている実例がありました。成績の上がっている会社のよいものは真似ること。使い勝手がよいから入れるのではなく、売れるものがよいものというのが弊社の考えです。

　実際にチャットワークがどれだけ使い勝手がよくても、結果として売上が下がるなら使っていません。でも、上がっていたのだから、使う以外にありませんよね。

　その経営者の話を聞いて、すぐに導入しました。まず、経営サポート部の60名が使い始め、間もなくホームインステッド事業部も加わりました。いまでは、全社員180名が使っています。

③チャットワーク導入で解決したかったこと

　何かを解決するという考え方ではなく、まずは使ってみました。実際に売れていて、成果が上がっていたから使っ

たのです。使ったこともない人が、いくら説明を受けても イメージはできません。理屈でチャットワークを入れよう としても、現場は理解できないのです。

　大切なのは、全員が使えること。使うツールは面倒くさ くないのがベストです。チャットワークは、メールアドレ スを打つ必要も、宛先を調べる必要もない。それが非常に 便利で、とにかく誰にでも使えるよう考えられていますよ ね。

　うちの社員は全員がiPadを使えるので、お互いに教え 合いっこをしています。

④チャットワークを導入してよかったこと

　3つあります。

　まずは、指導方法が「1：1」から「1：N」になり、 仕事がやりやすくなったこと。たとえば、上司が部下に 「ここは、こうしなきゃいけないよ」と伝える場合に、資 料をチャットワークに載せるだけで部署のみんなに伝える ことができます。非常に便利ですよね。

　この方法なら組織ごとのノウハウの横展開が簡単にでき ます。ある支店でよいノウハウがあったら、すぐにほかの 支店全部に入れることができます。

　2つめは、社員の残業が激減したこと。

弊社では、課長職以上にまずiPadを入れました。すると、いままでは本社に帰らないとできなかった仕事がチャットワークを含めてクラウド化されているから、どこでも仕事ができるようになり、残業の必要性がなくなりました。当然ながら、上司が帰ってこなければ、部下も早く帰ります。上司が残業せずに帰るとわかれば、部下も自分の仕事が終われば帰るようになるのです。

　3つめは、チャットワークを導入して紙を使うことが減り、時間が節約できるようになったこと。

　紙がなくなると、調べるのが簡単になります。データで資料をもっていると、検索できるからです。世界中のどこにいてもいいですし、時間を節約できます。そして空いた時間は、お客様や社員とのアナログのコミュニケーションに使っています。

⑤業務効率化によって得られたものや、起きた変化

　アナログのコミュニケーションの時間が増えたことで、それが利益に結びついていることですね。

　私はよく「社員ががんばっていること」を1時間くらいかけて探しています。誰がどういうことをがんばっているか、社員と一緒に酒を飲んだり、お客様を訪問して尋ねたりして探すのです。チャットワークの導入で、いままで以

上にそういう時間を使えるようになったこと、これが一番大きいと思います。

　会社がよくなる情報は、社内にはありません。利益になる情報は、インターネットでいくら検索しても出てこないのです。それは実は、みんなアナログのなかにある。だから、アナログなコミュニケーションをできるところに時間を使うことが、やはり最も成果につながります。

　どんなに素晴らしいものでも、成果につながらなかったら、売上につながらなかったら、意味がありません。社長にとっては、成果が出るかどうかが一番なのです。

⑥まだチャットワークを導入していない企業へのメッセージ

　確実にいえるのは、チャットワークは売上につながっていく、ということ。そして、便利なものは普及していく、ということです。今後は多くの企業で、これまでメールでやっていたことがチャットワークに置き換わっていくでしょう。

　これまでの歴史を振り返ってみると、たとえば、音楽を聴く手段は楽団からレコードになり、テープ、CD、DVD、そしてインターネットになりました。使う人が便利だと思えば、理屈抜きにツールは変わります。

ビジネスコミュニケーションのツールも同じです。いまさら、「計算はそろばんで」「書類は手書き以外禁止」「書面は紙に限る」などというのは、どう考えてもナンセンスです。時代の変化にともなって、私たちも変化していかないといけない。

　そう考えたときに、ITそのものも進化しているわけですから、いつまでも過去のITにこだわっているのも、またナンセンスなのです。

　新しいITツールは、使ってから考えること。デジタルの世界は考えてはいけないのです。タッチして、使ってみないとわからない。メガ、ギガ、テラバイト……と、実際に扱うデータ量は、この10年だけでも上がっているでしょう。

　使って、それから考えること。武蔵野ではまず使ってから社員同士で「みなさんがああやっている、こうやっている」と、リアルなコミュニケーションを取っています。教え合いはデジタルではいけません。アナログでやるのです。

　チャットワークは、使ってみれば売上が上がるものだとわかります。まずは使ってみてください。

（代表取締役社長・小山昇）

■谷テック （京都府宇治田原町）

①業務内容
金属切断用丸鋸の開発・製造・販売を行なっています。

②チャットワーク導入のきっかけ、チャットワークに決めた理由
弊社は技術系企業なので、技術を伝承していかなければならない課題が常にあります。職人技は文章では表せないし、そもそも職人さんは書くことが苦手な人が多い。技術が継承されないまま退職されてしまうこと、それによって品質が下がってしまうという悩みがありました。

ですが、Googleサイトを含めた画像、動画での連携活用のデモンストレーションを見て感動し、「これなら簡単に技術を残すことができる！　共有することができる！」と、これまで夢物語だったことが現実になると期待して導入しました。

③チャットワークを導入してよかったこと
新入社員教育、マネジャー研修、技術伝承などで、五感を使う工程のマニュアルを動画で作成しています。担当者

がとても意欲的で、会社のノウハウづくり、財産づくりに貢献してくれています。

とくに現場の職人さんたちは寡黙(かもく)な人が多かったのですが、チャットワークを導入したことでコミュニケーションの質が変わり、活性化されました。チャットとリアルを組み合わせて、伝承する側・される側の双方に安心感が生まれたことが何よりうれしいです。

基本的な使い方をマスターすれば、どんどん自分なりのオリジナリティのある使い方ができるのがチャットワークの魅力だと思っています。

まだまだほかにも使い方や活用の仕方があると思いますし、まだ気づいていない使い方を見つけることも喜びの1つでしょう。使うたびに使う側のセンスが向上していく、人の可能性を見せてくれるツールなので、導入してよかったと感じています。

（代表取締役社長・谷康平）

■ 中央会計 (大阪市中央区)

①業務内容

月次決算、経営計画書作成、経営計画の予算実績管理支援、中小企業の存続のための円滑な事業承継対策業務、M&Aコンサルティング業務などのサービスを提供しています。

②チャットワーク導入のきっかけ、チャットワークに決めた理由

メールをやめてサイボウズLive、Skypeと、弊社はこれまでにもほかのビジネスコミュニケーション・ツールを導入し、業務ス

ピードは5倍以上に跳ね上がっていましたが、最終的にチャットワークを導入したのは、「ITスキルの高くない社員でも使いこなせる」「タスク機能とTO機能がある」「Skypeやサイボウズ Live利用時に困っていたことがすべて解決される」という3つの理由からです。

③チャットワークを導入してよかったこと

とくに「タスク」と「TO機能」の2つで、一斉に指示を出したり、物事の決定前に意見や各自の都合を洗い出せるようになったことです。

決定事項や、一斉作業の指示は「全社通達用のグループチャット」に書き込むだけです。研修の日程を決めるときも、都合のいい時間を事前に聞き出せるので、素早く最適な決定ができるようになりました。

ほかにも、グループチャットをつくるときに相手の組織の担当者と上司、経理の方などとグルーピングすることで、組織対組織でのやりとりがスムーズに行なえるようになり、状況把握、確認などの効率がアップしました。

　先方の経営者とこちらの担当者と上長だけでグルーピングすることもあり、経営層だけの会話と担当者レベルの会話を分けることで、よりスムーズな顧客とのコミュニケーションを実現しています。

　LINEにしてもFacebookにしても、私的な部分でのチャット活用は当たり前な時代になってきています。ITに関係のない人でもチャットを使う機会は、これから急速に増えていくでしょう。
　仕事でチャットを使うなら、業務用に特化してつくり込まれているチャットワークは、現状で最適なツールだと考えています。

（代表取締役社長・小松宣郷）

■ グッドライフケアホールディングス
（東京都中央区）

①業務内容
　介護、看護、居宅介護、リハビリデイサービス、そして定期巡回・随時対応型訪問介護看護のサービスを提供しています。

②チャットワーク導入のきっかけ、チャットワークに決めた理由
　メールはGmailを使用していましたが、Gmailはそのままでは使いにくいところもあり、ユーザーそれぞれに初期設定を変更しなければなりませんでした。大量のスパムメールの処理や、メールの分類や整理などにも、ムダな時間を取られていました。

　チャットワークは、必要なときに必要な人、グループに伝達できて、いろんなグループに対し同時並行でディスカッションができるところに魅力を感じました。導入の一番の理由は、とにかくシンプルなこと。ほとんど説明しなくても、社員全員が使いこなせそうだったからです。セキュアで価格が安く、またクラウド型なのでデバイスを選ばずに使えるところも魅力でした。

③チャットワークを導入してよかったこと
　非常にシンプルで使いやすいと思います。弊社のようにリテラシーにばらつきがあっても十分使いこなせています。とくに、同時並行で複数のグループチャットに発言して、仕事を中断することなく進めることができるように

なったことで、あきらかにストレスが減りました。

　チャットワークをうまく使うことで、利用者様の最近の様子や要望を採り入れて「よい介護」を提供したり、働きやすい環境づくりに役立っています。

　クラウド型CRMサービス（Salesforce）を利用していますが、API連携して、チャットワークの任意のグループに自動でアップするようにしました。おかげで分類する必要もなく、未読件数も一目でわかるようになりました。

　そして、セキュリティ面も安心な点は、企業使用にはうれしいことです。今後は他事業所、ドクター、看護師など

との連携ツールとして発展させていきたいと思います。

　社員が新しいITツールになじむまでには指導が必要で、チャットワークもその点は同じなのですが、責任者や内勤者を中心に利用が進み、効率が上がりました。チャットワークは「よい介護」と「社員の幸せ」を実現するためのツールです。

（IT推進担当・池原吉豊）

■ 船井総合研究所 (東京都千代田区)

①業務内容
経営コンサルティング業を行なっています。

②チャットワーク導入のきっかけ、チャットワークに決めた理由
弊社では「ITベンダー経営研究会」という会員制の研究会を主催しているのですが、その会で参考にしたい会社をバスで訪問するというイベントがあります。ChatWork社を訪問した際、電話やメールよりもチャットのほうがコミュニケーションの手段としての効率がよく、プロジェクトを進めるうえで優れていることを目の当たりにし、導入を決意しました。

③チャットワークを導入してよかったこと
社内だけではなく社外でも、お客様とチャットワークを使っています。リアルタイムにいつでもどこでも弊社コンサルタントとお客様がスムーズに情報共有をできるようになったことで、サポートのクオリティが上がりました。

メールだと"一通ごと"という感じのコミュニケーションも、チャットワークだと気軽に高い頻度でやりとりできるため、お客様との距離が近く、関係が切れません。結果

として、継続率が上がりました。チャットワークを活用した迅速なアドバイスを提供することによって、お客様の売上アップにも貢献できています。

若手コンサルタントの育成にもチャットワークを活用しているのですが、会わないとできなかったフォローを会わずにできるようになりました。社内教育体制が大幅に充実しています。

メールだと伝わりにくいニュアンスもチャットだと伝わりやすく、外注先とも意思疎通がスムーズです。「連投」も気軽にできるので、やり直しや、言い直しなどが劇的に減っているのを実感しています。

(法律事務所コンサルティングチーム・神徳あや)

■ トリプルグッド税理士法人
（大阪市北区）

①業務内容
　経営コンサルタント、税理士、社労士、弁護士、司法書士、行政書士などの専門家サービスで、中小企業の経営力アップの支援を行なっています。

②チャットワーク導入のきっかけ、チャットワークに決めた理由
　それまではBasecamp（37signals社のプロジェクト管理ツール）を使っていました。メールよりも誤送信が減る、プロジェクトごとに管理できるなどの利点もあり、よいと思っていましたが、メッセージの返信漏れが多発していたことが一番の課題でした。

　そんなとき、以前から存在は認知していたChatWork社の担当者さんと出会うことがあり、その方の説明から弊社の課題を解決できると判断し、導入を決めました。

③チャットワークを導入してよかったこと
　現在、800社ほどのクライアント様にも導入していただいています。クライアント様の年齢層が高めで、正直なところ、提案前は「無理かもしれない」という懸念もありましたが、取り越し苦労でした。みなさん、積極的に書き込んでいただいたり、便利に使っていただいています。

設定がわからないとおっしゃる方には、弊社の社員がその場で導入したり、なかにはスマートフォンだけで運用されているお客様もいます。飲食店、美容、介護、建設業など、あまりパソコンに向かわないクライアント様も多いので、スマートフォンだけでも運用できるのが大変便利だという意見をいただいています。

　弊社としても、クライアント様からの資料回収が速くなり、しかも確実になったことで、とてもメリットを感じています。
　それまではメールやBasecampを使って長文で依頼しても返信が億劫(おっくう)だったり、長文すぎて理解してもらえなかったり、そもそもメールを見てもらえないこともありました。いまではスマートフォンで短い会話のキャッチボールをしながら写真を送っていただくなど、これまでには考えられなかった効率化を実現できています。**(代表社員・実島誠)**

Chapter 5 企業別チャットワーク活用事例

■ ファースト法律事務所 (横浜市中区)

①業務内容
　IT企業に特化した法的サービスを提供しています。

②チャットワーク導入のきっかけ、チャットワークに決めた理由
　クライアント様とのコミュニケーションのためにスタッフが事務所に縛られ、気軽にスムーズにコミュニケーションできず、業務効率や生産性も低く、結果として弁護士側はストレスフルでハードに働くという問題がありました。

　そんな折、取引先から紹介されたチャットワークを試験的に導入してみたところ、Facebookメッセンジャーや Skypeチャットで感じていた不満が解消されたサービスだったので、本格的に導入を決めました。

③チャットワークを導入してよかったこと
　クライアント様にとっては、法律事務所に対していつでも気軽に必ず連絡がつき、面談のアポイントを取る必要がなくなりました。相談内容が文字化されるので、こちらとしてもアドバイスの内容を理解していただきやすく、社内での情報共有も簡単にできます。

コミュニケーションのレベルが高まったことでクライアント様の満足度が向上し、契約の成約率・継続率も高まっています。

　法律事務所としてスムーズに相談・対応ができるので、業務効率や生産性も高まりました。面談が不要になったことで、商圏の拡大にもつながっています。
　さらに、「チャットを使う法律事務所」という他事務所との差別化ができ、ブランディングにもなりました。

　クライアント様にとって、チャットワークは弁護士を使いこなせるようになるツールです。ビジネスを進めるときも、ピンチを回避するときも、法律知識を使いこなせるようになります。というのも、チャットがないと、アポイントを取って弁護士事務所へ足を運ばなければなりません。たとえ面談によって疑問が晴れた気がしても、法律用語は小難しくて、事務所を出たとたん、説明できなくなったりするものです。
　しかし、チャットワークだと文章に残るため、その心配がありません。文章化することで、頭も整理されます。オフィスにいながら、気軽に弁護士に疑問をぶつけることができ、すぐに返事があるので、弁護士を使いこなせるようになります。

（弁護士・藤井総）

■コスモ教育出版（東京都中央区）

①業務内容

中小企業の活性化のため、月刊『理念と経営』や『13の徳目』などの出版・教材販売事業を行なっています。

②チャットワーク導入のきっかけ、チャットワークに決めた理由

もともとはマネージャーである私が個人的に使っていました。外出が多く、いつでもどこでも情報を確認し、対応する必要があったからです。

社内導入を決めたのは、スマートフォン用アプリがリリースされたタイミングでした。弊社グループでは、ほかのツールも使用しています。ですが、現場には関係のないさまざまな情報も入ってきて、届いたら見てしまう心理が働くので、情報共有に遅れが生じることがありました。そういったムダを省きたいと思ったことが大きな理由です。

③チャットワークを導入してよかったこと

メールの「送った・送っていない」がなくなりました。タイムライン上に時系列でメッセージが残るので、そこに至った経緯がわかるだけでなく、過去の文章を見たりする

ことでコミュニケーションの質も高まっています。人間は言葉によって反応する生き物なので、文字で残って、いつでも見られることは、仕事の質、人間関係の質をよくしてくれるのだと思っています。

　業務的な部分では、仕事でもプライベートでもどんなことを書いてもいい「ワイガヤチャット」や、弊社メイン刊行物の『13の徳目』を社内の共有事項として設定し、毎日の「ありがとう」を伝え合っています。
　個人で『13の徳目』の小冊子に記入して、毎日、「振り返り」を行なっているのですが、1人ひとりの気づきをみんなの気づきにするには、チャットワークはとても便利なツールです。

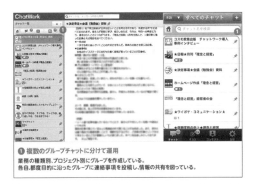

❶ 複数のグループチャットに分けて運用
業務の種類別、プロジェクト別にグループを作成している。
各自、都度目的に沿ったグループに連絡事項を投稿し、情報の共有を図っている。

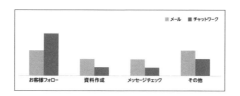

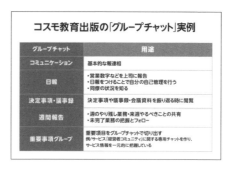

　また、お客様をフォローアップする時間も増えました。お客様と接する機会が増えた理由は、2つあります。

　1つめは、スタッフは全員、いろいろな仕事をもっており、チャットワークで仕事をカテゴリーごとに把握できるため頭が整理され、全員の仕事が早くなったからです。たとえば、以前は5時間もかかっていたことが2～3時間でできるようになったものもあります。

　2つめは、会議の報告を資料ではなくチャットワークで行なうことで、資料作成の時間が大幅に削減できたからです。その結果、短縮できた時間をお客様へのフォローに使うことができるようになりました。これにより、経営誌の購読数も増えました。

　　　　　　　　　　　　　　　（マネージャー・田舞富太郎）

■ カガヤキ農園 (新潟市江南区)

①業務内容

　コシヒカリをはじめとする新潟米、トウモロコシ・里芋・長芋などの旬野菜を生産しています。産地直送にこだわり、野菜の直売所も運営しています。

②チャットワーク導入のきっかけ、チャットワークに決めた理由

　チャットワーク導入の決め手は、20～50代まで、パートさんから社員まで、すべてのスタッフが使いこなせるという点です。操作画面がシンプルだから誰でも楽々、操作できるうえ、スマートフォンがあれば畑でも使えます。

　というのも、農業は高齢化が進んでおり、業界の平均年齢は67～68歳といわれています。また、カガヤキ農園の中心メンバーは20～30代ですが、やはり全員ITリテラシーが高いわけではありません。すべてのスタッフが使いこなすのは、ほかのツールでは困難だと感じました。

③チャットワークを導入してよかったこと

　1つは、農産物の出荷スケジュールをスタッフに速やかに伝えられるようになったことです。「○○さんのトマトが△月□日より入荷します」などの出荷情報をすぐに伝えることができ、お客様に情報を正確に伝えられるようにもなりました。

　2つめは、入力手順のマニュアルを載せて、ミスが10分の1に軽減したこと。口頭で伝えたり、メモで回覧しても、スタッフにうまく共有できない悩みなど、情報伝達は課題でしたが、チャットワーク上に履歴が残るので、結果として伝達のケアレスミスが激減しました。いまでは改善提案も行なわれています。

　3つめはチーム力が向上したことです。チャットワークを使うことで「事務所と畑、畑と畑。お互い持ち場は遠くても、つながっている！」といううれしい気持ちをもつことができるようになりました。
　また会社として、カガヤキ農園チームとしてつながっている感覚も生まれています。決して高度な使い方はしていませんが、情報共有が進み、業務が効率化されたという手応えがあります。

（営業統括部・立川和行）

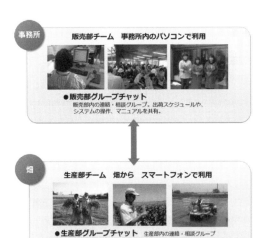

■ マネーフォワード（東京都港区）

①業務内容

個人向け資産・家計管理「マネーフォワード」および中小企業向け「MFクラウド会計・請求・給与」サービスを提供しています。

②チャットワーク導入のきっかけ、チャットワークに決めた理由

弊社はITサービスを開発する企業なのでエンジニアが多く、円滑なコミュニケーションができるツールを探していました。まずは試験的に少人数のチームで導入してみて、彼らから「コミュニケーションのコストが下がった」「エモーティコンで相手の感情がよく伝わった」「エンジニア・非エンジニアを問わず、インターフェースが優しい」などのよい評判が多かったので、全社的に導入することを決定しました。

③チャットワークを導入してよかったこと

何よりみんなが楽しんで使ってくれていることがうれしいです。メールだと紛れてしまうことも、グループチャットなら簡単に管理できますし、タスク管理によってスタッフのミスが減ったことが驚きです。

当然ながら、業務効率もアップし、ほかには社内教育に役立てたり、メンバーを厳選してチームをつくってグルー

プチャットにするので、チームワークやコミュニティ形成に効果的に作用してくれました。それにともなって利益につながった部分も多々あります。

このようなよいサービスが全国に広がっていくのは非常によいことです。中小企業の生産性・効率・クラウドサービスをアップさせていきたいと考える弊社として、いろいろな方に、まずは使ってみることをオススメしたいです。

（代表取締役社長CEO・辻庸介）

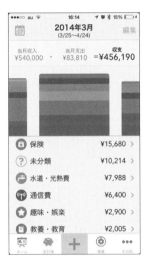

Column ④ with ChatWork

チャットワークのこれから

　繰り返しお伝えしていることですが、チャットワークは「日本発の世界のインフラになるサービスを提供する」という想いをもって生まれたサービスです。

　「世界のインフラ」をテーマに考えたとき、やはりポイントは「誰でも簡単に使える」ということだと私は考えています。
　チャットワークが対象としているのは、メールだけを使っている方やITが得意ではない方、これ1つですべてを済ませてしまいたい方などです。

　たとえばITスキルが高い方なら、メールやSkype、Facebookなどのさまざまなトツールを組み合わせながら生産性を上げ、自分にとって最も便利な形でITを使っていくことができるでしょう。
　しかし、ITがあまり得意ではない方、わずらわしさを感じている方にとっては、そういった複合的なITツールの使い方は、必ずしも歓迎されるものではありません。私たちは、そういった方々にもITのメリットを享受していただきたいのです。

　ITのメリット、それは生産性の向上や業務効率化です。そして、それは企業や組織の売上アップ、利益アップにつながるものです。
　実際にチャットワークを導入した企業のすべてが、ITに

強い企業ばかりではありません。本書の事例でもありましたが、メールが難しくて使えない農家の方々が、チャットワークを出荷のやりとりに使っておられます。

　そういった「ITスキルが高くない中小・零細企業の方々や、個人事業主の方々に、IT活用を普及していきたい」という想いでチャットワークは開発されているので、これまでITのメリットとは縁遠かった方にも、ITによる生産性の向上、そして売上・利益向上を実感していただけたらと思います。

　現状、日本のソフトウェア会社で、世界のインフラになるようなサービスを提供している会社は、残念ながら、出てきていません。

　私たちChatWork社が、世界でインフラとなることを実現することによって、日本の少子高齢化、日本企業のグローバル化において一石を投じることができれば、これほどうれしいことはありません。

Last Chapter

チャット経営で
あなたの会社のステージを
上げよう

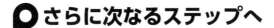
さらに次なるステップへ

　チャットワークとは何か、基本編、応用編、活用編、そしてさまざまな企業での導入事例と、ここまで読み進めていただいたあなたは、すでに誰よりもチャットワークのことを正しく、詳しく認識されていることでしょう。

　あとはこの本に書かれてある内容をあなたがリーダーとなって、周囲の人にどんどん広めていくだけです。そうすることでチャットワークはより効果的に機能し、あなたやあなたの組織のビジネスも加速していきます。

　チャットワークが完全に浸透し、業務効率がアップしてアナログのコミュニケーションも円滑になったあと、次のステップとして進んでもらいたいステップがあります。
　それが「チャット経営」です。

　チャット経営とは、ビジネスのコミュニケーションの基盤をチャットにした経営スタイルのことです。
　メールや電話での報・連・相を必要最低限のレベルにまで減らし、朝礼や会議もグループチャットやChatWork Liveを使った効率のよいものにする。チャットで済ませることができるコミュニケーションと、対面を優先するコミュニケーションを明確にして、各々のスケジュールで動く社内の人たち全員が、有意義に時間を使うことができる経営スタイルを確立してください。

◎チャット経営が
　経営資源のバランスを取る

　チャット経営には、数多くのメリットがあります。まず、経営資源の面から、あなたの組織や企業に貢献します。
　企業における「経営資源」とは、ヒト（人材）・モノ（商品や設備）・カネ（資金）の有形資産、そして情報です。

　「モノ」と「カネ」については、どんな経営者でも常に考えていることです。自社の商材や設備関係のこと、IT化によるコストダウンや資金繰りのことを考えない経営者はいないでしょう。
　しかし、「ヒト」や「情報」についてはどうでしょうか。実際に私たちがコンサルティングを行なうときに、企業診断として経営者にアンケートを取ってみると、「ヒト」と「情報」については「うまくいっていない」という返答が大多数です。

　この背景には、「情報」に対する見方、考え方の時代の流れが挙げられるでしょう。「情報」は無形資産と呼ばれます。「モノ」そして「カネ」などの有形資産の陰に隠れ、あまり重要視されなかった時代が長くありました。しかし、近年の情報化社会の発展にともなって、ようやく「情報」も経営にとってなくてはならないものだという認識になってきたのです。

　「ヒト」の問題に関しても、何を解決したいかを尋ねてみると、「コミュニケーションを円滑にしたい」「スタッフの自主性を高めたい」といった、アバウトな意見しか得られ

ないのが実情です。

「ヒト」と「情報」の共通の問題としては、情報共有に偏(かたよ)りができてしまっていること、全員に送ったはずの情報がうまく共有されていないことなどが挙げられます。

こうした企業のほとんどがメールを使っていたり、毎日の朝礼や夕礼、会議などで情報共有をしています。それらが悪いとはいいませんが、社会の多様化やいろいろな働き方が認められつつある現代においては、以前のようには機能しなくなってきていることも事実です。

たとえばメールの場合、一斉送信でメールを送ったとしても、なかには開かない人がいたり、開いても読まない人がいます。朝礼や夕礼や会議は参加型ではありますが、強制性が強く、参加者は決まりだから仕方なく参加しているケースが少なくありません。

組織運営をする以上は何かしらの連絡ツールが必要で、その手段として既存のコミュニケーション方法を選択するのはよくわかります。電話やメール、朝礼、会議は、私たちの社会ではもう当たり前すぎて「なくてはならないもの」という認識があるのでしょう。

ですが、そこに「チャット」という新しい文化を加えていただきたいのです。とくにチャットワークはメールや電話、会議の機能を包括していますし、ビジネスコミュニケーションに特化していますので、間違いなく既存のツールと共存していくことが可能です。

一方通行にならないため、メールだと目を通してもらえ

ない情報も、チャットワークだと目を通してもらえます。これだけでも情報共有はかなり変わります。

見たいときに見ることができるものなので強制性が薄く、情報を無理やり押し付けられている感覚がありません。それは、スタッフのモチベーションの低下防止に貢献します。

そして、情報の伝わるスピードが速いので、それだけ意思決定を加速させることもできます。30分の会議をチャットワーク上で5分で終わらせることができれば、残った時間はビジネスチャンスにあてることができるのです。

これらはすべて「ヒト」と「情報」の重要性にフォーカスし、チャットを経営に取り入れたことで生まれるメリットです。チャットワークを導入した企業が実感している、経営資源のバランスがうまく取れた事例なのです。

●チャット経営は上司と部下の「壁」を取り払う

「ヒト」と「情報」の問題は、何も横同士のつながりだけではありません。上司と部下、つまり上と下でも良好な人間関係と円滑な情報共有は重要です。

たとえば、上司と部下の報・連・相で考えてみましょう。統計データでは、上司の85パーセントが「報連相は部下のほうから自主的にしてくるもの」と考えているのに対し、自分から進んで報・連・相をする部下は60パーセントといわれています。つまり、残り25パーセントの部下は、

上司とのコミュニケーションに上司とは異なる認識をもっている、ということになります。

さらに、進んで報・連・相をしない40パーセントの部下のうち、38パーセントは「滅多に相談をしない」と答えています。その理由として挙げられるのは、「いつも忙しそうにしているから」「相談に行っても怒られそうだから」といったものです。

こうした上司と部下の人間関係の問題は、どの企業にもあるものです。上司は部下のことが気にかかりますし、部下は上司から認めてもらいたいと思っています。
そういったお互いの意思がうまく疎通しないことで人間関係のトラブルに発展し、結果的に弱い立場である部下が我慢をしたり、耐えきれなくなって病気になったり、最悪の場合は退職してしまいます。上司と部下の人間関係を良好にすることは、経営をうまくやっていくための必須課題なのです。

現状、そのような状況であったとしても、チャット経営にステップアップしていくことで、上司と部下は常に情報を共有できるようになり、この先もその状態を保つことができるようになります。

何度もお伝えしているとおり、チャットワークは見たいときに見ることができるという点がメリットの1つです。また、文字だから相談しやすいこともあるでしょう。お互いの報・連・相をチャットワーク上にアップしておくことで、上司も部下も、気軽に広く薄く、たくさんの情報を共有していくことが可能になります。

社内の誰もが気軽に情報にアクセスでき、発信・受信が簡単な状況を用意しておくことで、上司と部下との間に存在している「壁」を取り払うことができます。壁を取り払い、コミュニケーションの風通しがよくなれば、報・連・相だけではなく、新しい企画の提案が部下のほうから自主的に上がってくる、ということも実際には起こってきます。

◯チャット経営で組織は次のステージへ

　これまでのビジネスコミュニケーションのツールは、広く薄く情報を拾う術（すべ）がなく、経営者やスタッフは上がってくる情報や下りてくる情報だけで、PDCA（事業活動の「計画」「実施」「監視」「改善」サイクル）を回していくしかありませんでした。

　ですが、それが少しずつ変わろうとしています。IT化が進んでいる企業や、情報をメインで取り扱っている組織では、コミュニケーションのメイン・インターフェースをチャットに切り換えているところが増えています。

　チャットの利便性についてはすでに何度もお伝えしてきましたが、最後にお伝えしたいことは、「チャット経営がIT企業や情報をメインで取り扱う組織以外の一般企業にも広がっていったら、日本のビジネスコミュニケーションの質そのものがもっとよくなるのではないか」ということ

です。

　私たちは、これまでにたくさんの企業、組織の診断をするなかで、数多くの問題点を見てきました。それらの問題点を集約して「ヒト・モノ・カネ・情報の4つの経営資源のバランスがうまく取れてこそ利潤が生まれる」という結論に行き着きました。

　今回、この本を出版することにしたのは、単にチャットワークを導入し、あなたの組織の全体的なコミュニケーションがよくなることだけを目的にしたからではありません。
　それはあくまでも通過点で、チャットワークで事業を加速したあとに待っている"次のステージ"を目指していただきたいのです。

　どうか本書を活用し、チャットワークをあなたの使いやすいようにカスタマイズして、スタッフが本当にイキイキと楽しく働ける職場づくりを目指してください。

おわりに

　日本のビジネスパーソンのみなさまに喜んでいただきたい、楽しんでいただきたい。その想いでこの本を書き上げました。

　チャットワークを活用して、仕事の成果も増やしつつ、仕事のなかに喜びと楽しみをたくさん増やせたら、どんなに素晴らしいことでしょう。

　この本の執筆を担当したChatWork Academy株式会社（ChatWork株式会社のグループ会社）では、チャットワークの活用の研究、コンサルティングを行なっています。企業にとって売上や利益はもちろん大切ですが、私たちは、その売上と利益を支える部分である「ヒト」と「情報」に特化して事業を展開しています。

　人は健康診断を受けて体の状態を確認しますが、健康診断を受けただけでは健康にはなりません。それは会社も同じです。

　会社組織も、何もしなければ組織状態は健康になれません。会社組織の健康状態を従業員意識調査（組織診断）によって指標化し、指標に合わせた施策を実施・評価し、さらに組織をよくしようとすることでよい結果を得ることができるようになります。

　ChatWork Academy株式会社では、HRM（Human Resource Management）とIT（Information Technology）を通して、従業員意識調査による組織分析（http://cwas.jp/）、組織開発、教育、評価、組織内の情報共有など総合的に経営を支援し、今後も多くの企業様に貢献してまいり

ます。

　この本をつくるにあたってご協力をくださったみなさま。
　出版の機会を与えてくれた、パワーコンテンツジャパン株式会社の横須賀社長。ご尽力をいただきました日本実業出版社。執筆するうえで、たくさんのアドバイスをいただいた、エクセルライティングの戸田美紀さん、Meeting Minutesの廣田祥吾さん。

　事例企業としてインタビューにご協力いただいた各社のみなさま。

　　株式会社武蔵野の小山様
　　株式会社谷テックの谷様
　　中央会計株式会社の小松様
　　株式会社グッドライフケアホールディングスの池原様
　　株式会社船井総合研究所の神徳様
　　トリプルグッド税理士法人の実島様
　　弁護士法人ファースト法律事務所の藤井様
　　株式会社コスモ教育出版の田舞様
　　カガヤキ農園の立川様
　　株式会社マネーフォワードの辻様

　執筆にあたってさまざまな協力をいただいたChatWork株式会社のスタッフのみなさんに、厚く御礼を申し上げます。

　そして、この本を手に取ってくださったあなたへ、最後までお読みいただき、ありがとうございました。

仕事をしている方は、人生の3分の1に相当する9万時間といわれている、長い長い時間を仕事に費やします。それなのに80パーセントの方が仕事に満足できていないそうです。せっかく膨大な人生の時間を投入するのですから、その時間を少しでも多くの喜びと楽しみの時間にしていただき、仕事の成果が増え、時間にゆとりが増え、人間関係がより円満になっていただきたいのです。
　チャットワークを通して、そんな効果を感じてもらうことができれば、私たちにとっても、このうえない喜びです。

　ChatWork Academy スタッフ一同、皆様に喜んでいただきたい、楽しんでいただきたい、という思いを込めて。

　ChatWork Academy株式会社　代表取締役　加藤利彦

ChatWork Academy株式会社 （チャットワークアカデミー）
「チャットワーク」を開発・運営するChatWork㈱(旧社名EC studio)のグループ企業で、「チャットワーク」を活用した売上アップ、業務効率アップ、社内コミュニケーション活性化のためのコンサルティングを行なっている。ChatWork㈱は「お客に会わない」「10連休以上の休暇が年4回」「iPhoneを全社員に支給」といった「社員第一」の姿勢で、毎年、売上が140～200%成長。リンクアンドモチベーション社の調査で、2年連続「社員満足度日本一」に選ばれた。

仕事がはかどる！　コミュニケーションがよくなる！
チャットワーク【公式】活用ガイド
2015年8月10日　初版発行

著　者　ChatWork Academy㈱　©ChatWork Academy Inc. 2015
発行者　吉田啓二
発行所　株式会社日本実業出版社
　　　　　　　　　　　　　　　東京都文京区本郷3-2-12　〒113-0033
　　　　　　　　　　　　　　　大阪市北区西天満6-8-1　〒530-0047
　　　　編集部　☎03-3814-5651
　　　　営業部　☎03-3814-5161　振　替　00170-1-25349
　　　　　　　　　　　　　　　http://www.njg.co.jp/
　　　　　　　　　　　　　印刷／壮光舎　製本／共栄社

この本の内容についてのお問合せは、書面かFAX（03-3818-2723）にてお願い致します。
落丁・乱丁本は、送料小社負担にて、お取り替え致します。

ISBN 978-4-534-05301-5　Printed in JAPAN

日本実業出版社の本

なぜ、システム開発は必ずモメるのか?
49のトラブルから学ぶプロジェクト管理術

細川義洋
定価 本体2000円(税別)

企業のシステム開発では、些細な認識の行き違いから訴訟や巨額の損失に発展するケースが多い。エンジニアと企業のIT担当者向けに、トラブルの解決法と事前対策をストーリー形式で解説。

「納品」をなくせばうまくいく

倉貫義人
定価 本体1600円(税別)

3K職場とみなされることも多いソフトウェア開発に「納品のない受託開発」という画期的なビジネスモデルを掲げて創業したエンジニアの経営哲学。顧客も社員も活かす常識破りの発想を披露する。

今いる仲間で「最強のチーム」をつくる

池本克之
定価 本体1500円(税別)

大手企業や強豪運動部で続々導入! 組織の成長請負人と呼ばれた著者が開発した「チームが1つになる手法」を初公開! あなたのチームが自発的に動く「最強のチーム」に変わります!

ストレス「ゼロ」のテレアポ成功術

川島亮一
定価 本体1400円(税別)

ガチャ切り、冷やかし……テレアポにはストレスが多いもの。「ムダな電話をやめる」「説得しない」「切り返しトークは一切不要」という異色のテレアポ術で、アポ取得率がアップする!

定価変更の場合はご了承ください。